BRÜSSEL
& FLANDERN

ANTONY MASON

AF177732

Highlights

Themen

Inhalt

Städte & Regionen

Reise-Infos

Die TOP**10**-Listen in diesem Buch sind nicht nach Rängen oder Qualität geordnet. Alle zehn Einträge sind in den Augen des Herausgebers von gleicher Bedeutung.

Umschlag Vorderseite & Buchrücken
Atomium, Brüssel
Umschlag Rückseite Belgische Pralinen, Graslei und Korenlei in Gent, Restaurant in Brüssel, Brügges Belfort
Titelseite Atomium, Brüssel

Die Informationen in diesem TOP**10**-**Reiseführer werden regelmäßig aktualisiert.**

Angaben wie Telefonnummern, Öffnungszeiten, Adressen, Preise und Fahrpläne können sich jedoch ändern. Der Verlag kann für fehlerhafte oder veraltete Angaben nicht haftbar gemacht werden. Für Hinweise, Verbesserungsvorschläge und Korrekturen ist der Verlag dankbar. Bitte richten Sie Ihr Schreiben an:
Dorling Kindersley Verlag GmbH
Redaktion Reiseführer
Arnulfstraße 124 • 80636 München
reise@dk.com

Willkommen in
Brüssel & Flandern

Brüssel, den Hauptsitz der Europäischen Union, und die drei wichtigsten Städte Flanderns verbindet ein herausragendes kulturelles Erbe, das bis ins Mittelalter zurückreicht. Kunst, Design und Mode, Gourmetrestaurants, erlesene Biere und feinste Schokolade – dieser Reiseführer begleitet Sie zuverlässig bei der Erkundung der Region.

Die Blütezeit Flanderns im 16. Jahrhundert fingen Jan van Eyck und Hans Memling in Gemälden ein, die in den **Musées royaux des Beaux-Arts de Belgique** in Brüssel und im **Groeningemuseum** in Brügge zu bewundern sind. Einen weiteren Höhepunkt des künstlerischen Schaffens in der Region stellen die Werke von Rubens dar, die man im **Koninklijk Museum voor Schone Kunsten (KMSKA)** bestaunen kann. Ähnlich beeindruckend sind die historischen Bauwerke: mittelalterliche Plätze wie die **Burg** in Brügge, die gotische **Kathedrale** in Antwerpen und die barocke **Grand Place** in Brüssel.

Brüssel, Brügge, Antwerpen und Gent lassen sich hervorragend zu Fuß erkunden. In den eleganten Einkaufsstraßen, lebhaften Cafés und exzellenten Restaurants kann man in das moderne Stadtleben eintauchen – und wer belgische *frites/frietjes* bestellt, genießt die vermutlich besten Pommes frites weltweit.

Ob für den Wochenendtrip oder den Wochenurlaub – der TOP**10** *Brüssel & Flandern* zeigt Ihnen die schönsten Sehenswürdigkeiten, von den Glastrompeten im **Musée des Instruments de Musique** in Brüssel über moderne Kunst im Genter **Stedelijk Museum voor Actuele Kunst (SMAK)** bis zu den malerischen Kanälen in Brügge und den schicken Clubs in Antwerpen. Dieser Reiseführer gibt Ihnen unentbehrliche Tipps an die Hand. Routenvorschläge helfen Ihnen, viele Attraktionen in kurzer Zeit zu sehen. Anhand der detaillierten Karten finden Sie sich problemlos zurecht. **Viel Spaß mit diesem Reiseführer und viel Spaß in Brüssel & Flandern!**

Im Uhrzeigersinn von oben: **Lier bei Antwerpen; Blinde Ezelstraat, Brügge; Waffeln; Le Botanique, Brüssel; Rodins** *Denker*, **Brüssel; Grand Place, Brüssel; Centre Belge de la Bande Dessinée, Brüssel**

Brüssel & Flandern entdecken

Brüssel, Brügge, Antwerpen und Gent locken mit erstklassigen Museen und vielen historischen Sehenswürdigkeiten. Die fußgängerfreundlichen Städte laden aber auch zum Flanieren ein, in den zahlreichen Restaurants und Cafés kann man herrlich entspannen. Die folgenden Touren ermöglichen es Ihnen, bei Ihrem Aufenthalt in Brüssel und Flandern die schönsten Attraktionen zu besichtigen.

Église St-Jean-Baptiste-au-Béguinage
Place Sainte-Catherine
Place des Martyrs
Centre Belge de la Bande Dessinée
La Bourse
Brüssel
Galeries Royales Saint-Hubert
Grand Place
Cathédrale des Saints Michel et Gudule
Tramhaltestelle Parc
0 Meter   400
Parc de Bruxelles Warande
Tram
Musée des Instruments de Musique
Musées royaux des Beaux-Arts de Belgique
Musée Horta (2,5 km)

Legende
— Zwei-Tages-Tour
— Sieben-Tages-Tour

Die Grand Place in Brüssel wird von dem gotischen Rathaus dominiert.

Zwei Tage in Brüssel

Tag ❶
Vormittags
Starten Sie an der **Grand Place** *(siehe S. 14f)*. Flanieren Sie durch die **Galeries Royales Saint-Hubert** *(siehe S. 77)* zur **Cathédrale des Saints Michel et Gudule** *(siehe S. 74)*.
Nachmittags
Nach dem Mittagessen warten das **Musée des Instruments de Musique** *(siehe S. 20f; Mo geschl.)* und die **Musées royaux des Beaux-Arts de Belgique** *(siehe S. 18f; Mo geschl.)*.

Tag ❷
Vormittags
Besichtigen Sie **La Bourse** *(siehe S. 16)*. Spazieren Sie dann über die

Die Musées royaux des Beaux-Arts de Belqique umfassen drei Museen

Place Sainte-Catherine zur Église St-Jean-Baptiste-au-Béguinage *(siehe S. 75)*. Über die **Place des Martyrs** *(siehe S. 76)* gelangen Sie zum **Centre Belge de la Bande Dessinée** *(siehe S. 26f; außer Juli & Aug Mo geschl.)*.

Nachmittags
Per Tram geht es zum **Musée Horta** *(siehe S. 22f)* und zu den umliegenden Art-nouveau-Gebäuden.

Sieben Tage in Brüssel & Flandern

Brüssel – Tag ❶
Wie Tag 1 in *Zwei Tage in Brüssel.*

Brügge – Tag ❷
Vormittags
Gehen Sie zum **Markt** und genießen Sie den Ausblick vom **Belfort** *(siehe S. 91)*. Danach sehen Sie sich den Platz **Burg** *(siehe S. 28f)* an.

Nachmittags
Bewundern Sie im **Groeningemuseum** *(siehe S. 30f; Mo geschl.)* die Werke flämischer Meister des Spätmittelalters. Besichtigen Sie danach die **Onze-Lieve-Vrouwekerk** *(siehe S. 92)*, das **Sint-Janshospitaal** *(siehe S. 92)* und den **Begijnhof** *(siehe S. 93)*.

Brügge – Tag ❸
Vormittags
Besuchen Sie die **Choco-Story** und/oder das **Frietmuseum** *(siehe S. 94)*. Danach geht es zur

Sint-Walburgakerk *(siehe S. 94)* und weiter in das Östliche Brügge *(siehe S. 95)*, um die **Sint-Annakerk** und das **Volkskundemuseum** *(Mo geschl.)* zu besichtigen.

Nachmittags
Sehen Sie sich die **Jeruzalemkerk** *(siehe S. 95)* und das **Kantcentrum** *(siehe S. 95)* an – in dem Zentrum für Spitzenklöppelei finden nachmittags Vorführungen statt. Flanieren Sie anschließend durch die Straßen des bezaubernden Stadtteils.

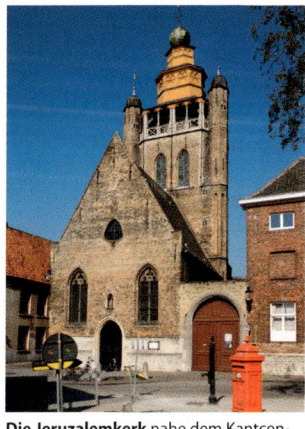

Die Jeruzalemkerk nahe dem Kantcentrum datiert aus dem 15. Jahrhundert.

Brüssel & Flandern entdecken

Am Korenlei beginnen Schifffahrten auf den Kanälen Antwerpens.

Sieben Tage in Brüssel & Flandern

Gent – Tag ❹
Vormittags
Sehen Sie sich den **Genter Altar** *(siehe S. 36f)* in der **Sint-Baafskathedraal** *(siehe S. 109)* an. Genießen Sie dann die Aussicht vom **Belfort** *(siehe S. 109)* und den malerischen Blick an **Graslei** und **Korenlei** *(siehe S. 109)*.
Nachmittags
Unternehmen Sie eine **Fahrt auf den Kanälen**. Sehen Sie sich die Ausstellung im **Huis van Alijn** *(siehe S. 110)* an, ehe Sie das malerische Viertel **Patershol** *(siehe S. 54)* erkunden.

Gent – Tag ❺
Vormittags
Per Tram geht es zum **Museum voor Schone Kunsten** und zum **Stedelijk Museum voor Actuele Kunst** *(siehe S. 111; Mo geschl)*.
Nachmittags
Durch den **Citadelpark** gelangen Sie zum **Stadsmuseum Gent** *(siehe S. 110)*. Kehren Sie nach dem Museumsbesuch ins Stadtzentrum zurück.

Legende
━━ Sieben-Tages-Tour

0 Meter — 500

Der Genter Altar ist die Hauptsehenswürdigkeit in der Sint-Baafskathedraal.

Die Kathedrale prägt den mittelalterlichen Marktplatz von Antwerpen.

Antwerpen – Tag ❻

Vormittags
Bewundern Sie die Zunfthäuser und das Rathaus am **Grote Markt** *(siehe S. 101)*. Besichtigen Sie danach die **Kathedrale** *(siehe S. 32f)* und das Museum im **Vleeshuis** *(siehe S. 102; Mo–Mi geschl.)* .

Nachmittags
Nach dem Besuch der **Sint-Pauluskerk** *(siehe S. 104)* geht es zum **Museum aan de Stroom** *(siehe S. 102)*.

Das FotoMuseum Provincie Antwerpen besitzt eine beeindruckende Sammlung.

Antwerpen – Tag ❼

Vormittags
Begeben Sie sich frühzeitig ins **Koninklijk Museum voor Schone Kunsten** *(siehe S. 34f)*, um die Besuchermassen zu umgehen. Danach lockt das **Museum Mayer van den Bergh** *(siehe S. 102f; Mo geschl.)*.

Nachmittags
Besuchen Sie erst das **Museum van Hedendaagse Kunst** *(siehe S. 104; Mo geschl.)*, dann das **FotoMuseum Provincie Antwerpen** *(siehe S. 104; Mo geschl.)* sowie das **Museum Plantin-Moretus** *(siehe S. 102; Mo geschl.)*. Lassen Sie den Tag in der Altstadt ausklingen.

Legende
— Sieben-Tages-Tour

Highlights

Zunfthäuser an der Grand Place, Brüssel

TOP 10 Highlights

Brüssel, Brügge, Antwerpen und Gent – die vier großen Städte im Norden Belgiens – verbindet ein bedeutendes kulturelles Erbe, dennoch unterscheiden sie sich stark. Jede der Städte lohnt den Besuch – wegen der einzigartigen Sehenswürdigkeiten sowie der hervorragenden Restaurants, Cafés, Bars und Clubs.

① Grand Place, Brüssel

Die Architektur an dem zentralen Platz Brüssels begeistert heute wie vor 300 Jahren *(siehe S. 14 – 17.)*

② Musées royaux des Beaux-Arts de Belgique, Brüssel

Die Sammlungen enthalten viele Meisterwerke *(siehe S. 18f)*.

③ Musée des Instruments de Musique, Brüssel

Das Museum in einem prächtigen Art-nouveau-Gebäude beherbergt Tausende Musikinstrumente *(siehe S. 20f)*.

④ Musée Horta, Brüssel

Das Wohnhaus von Victor Horta, dem führenden Architekten des Art nouveau, ist diesem Stil in jedem Detail verpflichtet *(siehe S. 22f)*.

⑤ Centre Belge de la Bande Dessinée, Brüssel

Das Comic-Museum widmet sich allen Aspekten der in Belgien beliebten Kunstform. Auch Tintin ist vertreten *(siehe S. 26f)*.

Burg, Brügge 6

Der kleine Platz, einst Standort der Burg, ist das historische Zentrum von Brügge. Die Häuser, die den Platz umgeben, bezaubern mit architektonischen Details *(siehe S. 28f)*

Groeningemuseum & Sint-Janshospitaal, Brügge 7

Die flämischen Künstler des frühen 15. Jahrhunderts perfektionierten die Technik der Ölmalerei. Die Werke in den beiden Museen bezeugen diese Kunstfertigkeit *(siehe S. 30f)*.

Genter Altar 10

Der mehrteilige Flügelaltar, den Jan van Eyck und sein Bruder Hubert schufen, zählt zu den bedeutendsten Kunst- und Kulturschätzen Europas *(siehe S. 36f)*.

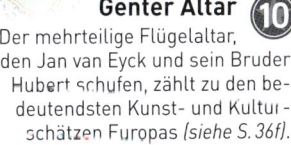

Koninklijk Museum voor Schone Kunsten, Antwerpen 9

Das »Königliche Museum der Schönen Künste« beherbergt viele Meisterwerke *(siehe S. 34f)*.

Kathedrale, Antwerpen 8

Die Antwerpener Kathedrale ist die größte Kirche in den Beneluxländern. Das gotische Bauwerk im Stil der Brabanter Gotik birgt Triptychen von Rubens *(siehe S. 32f)*.

TOP10 ⭐ Grand Place, Brüssel

Brüssels Grand Place oder Grote Markt ist dank der geschlossenen barocken Fassadenfront der ehemaligen Zunfthäuser überaus malerisch. Die Häuser sind reich verziert. Der Platz war jahrhundertelang das wirtschaftliche und administrative Zentrum der Stadt: Er war Schauplatz von Märkten, Festzügen, Turnieren, öffentlichen Verlautbarungen und Hinrichtungen. Noch heute herrscht auf dem Platz eine lebhafte Atmosphäre.

⑤ Hôtel de Ville

Das im gotischen Stil erbaute Rathaus (15. Jh.) ist das älteste Gebäude an der Grand Place. Es wurde später erweitert. Den Turm krönt eine Statue des Erzengels Michael.

① Le Cornet

Der Giebel des prächtigen Zunfthauses der Flussschiffer (Nr. 6) ist als Schiffsheck gestaltet *(oben)*. *Le Cornet* bedeutet »Das Füllhorn«.

② Le Cygne

Das Gebäude »Der Schwan« (Nr. 9) wurde 1698 als Wohnhaus errichtet. 1720 erwarb es die Metzgerzunft. Später barg es ein Café, in dem sich Karl Marx mit Vertretern der deutschen Arbeiterbewegung traf.

③ Le Renard

Das 1695 errichtete Gebäude »Der Fuchs« (Nr. 7) war repräsentatives Versammlungshaus der Zunft der Krämer. Die Statue eines Fuchses *(rechts)* über dem Eingang versinnbildlicht den Namen des Hauses.

④ L'Arbre d'Or

Das »Goldener Baum« genannte Zunfthaus der Brauer (Nr. 10; *links*) entwarf Guillaume de Bruyn. Das Gebäude wird heute noch vom belgischen Brauerbund (Brasseurs Belges) genutzt und beherbergt ein kleines Brauereimuseum.

Infobox

Karte C3 ▪ Métro: Gare Central

Hôtel de Ville: nur Führungen (Mo, Mi & Fr – Sa) ▪ +32 (0)2 279 2211 ▪ Eintritt 15 €, Studenten & Senioren 6 € ▪ www.bruxelles.be/hotel-de-ville

Maison du Roi (Musée de la Ville de Bruxelles): Di – So 10 – 17 Uhr ▪ +32 (0)2 279 4350 ▪ Eintritt 10 €, Studenten 4 €, Senioren 6 €, unter 18 Jahren frei ▪ www.brusselscity museum.brussels

L'Arbre d'Or (Beer Museum): Mo & Mi – Sa 11 – 17 Uhr (Sa ab 12 Uhr) ▪ +32 (0)2 511 4987 ▪ Eintritt 5 € ▪ www. beermuseum.be

▪ Die Bar-Restaurants Le Roy d'Espagne (Nr. 1) und La Chaloupe d'Or (Nr. 24 / 25) zeigen Brüsseler Stil. Im 'T Kelderke (Nr. 15) genießt man flämische Küche in einem Kellergewölbe (7. Jh.).

▪ Das Fremdenverkehrsbüro im Hôtel de Ville bietet nützliche Infos.

⑥ Maison du Roi
Im neugotischen »Haus des Königs« informiert das Musée de la Ville de Bruxelles über die Stadtgeschichte. In einem Saal sind Kostüme des Manneken Pis *(siehe S. 16)* ausgestellt.

⑧ Tapis de Fleurs
Alle zwei Jahre (2024, 2026 ...) wird die Grand Place Mitte August fünf Tage lang mit einem »Blütenteppich« aus Begonien und Dahlien geschmückt *(unten)*.

Baustil der Zunfthäuser

Die Häuser an der Grand Place wiesen ursprünglich verschiedenste Stilrichtungen des 15. bis 17. Jahrhunderts auf. Am 13. und 14. August 1695 zerstörten von Marschall de Villeroy angeführte französische Truppen auf Geheiß von Ludwig XIV. den Platz fast vollständig durch Kanonenfeuer. Innerhalb von nur fünf Jahren wurden die Gebäude wieder aufgebaut. Da der Brüsseler Stadtrat großen Wert auf ein einheitliches, repräsentatives Stadtbild legte, entstand ein nahezu ausschließlich im Barockstil gestaltetes Ensemble.

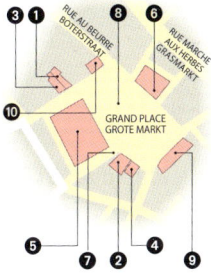

⑦ Statue von Everard t'Serclaes
Der hoch verehrte Brüsseler Bürger vertrieb die Flamen aus der Stadt. Er starb 1388 infolge eines Racheakts. Es heißt, die Statue *(unten)* zu berühren, bringt Glück.

⑨ Maison des Ducs de Brabant
Das Ensemble besteht aus sieben Häusern, die durch eine einheitliche Fassade (17. Jh.) verbunden sind. Die Fassade ist mit Büsten der Herzöge von Brabant prächtig dekoriert.

⑩ Maison du Roi d'Espagne
Das »Haus des Königs von Spanien« (Nr. 1), das Zunfthaus der Bäcker, zieren u. a. sechs allegorische Figuren, die für Zutaten und Werkzeuge beim Brotbacken stehen. Die goldene Figur auf dem Dach ist Symbol des Ruhms.

Rund um die Grand Place

Restaurants an der Rue des Bouchers

(1) Rue des Bouchers
Karte C3

Viele Straßen rund um die Grand Place lassen auf das Handwerk schließen, das dort einst ausgeübt wurde. Heute säumen die »Straße der Metzger« und die Petite Rue des Bouchers (»Kleine Straße der Metzger«) beliebte Restaurants.

(2) Musée Mode & Dentelle
Karte C3 ■ Rue de la Violette 12 ■ +32 (0)2 213 4450 ■ Di – So 10 – 17 Uhr ■ Eintritt ■ www.fashion andlacemuseum.brussels

Das kleine Museum zeigt eine erlesene Sammlung von Trachten und Brüsseler Spitzen.

(3) La Bourse
Karte B3 ■ Bruxella 1238 ■ +32 (0)2 279 4350 ■ wg. Renovierung geschl.

Die Börse wurde von 1868 bis 1873 im Stil eines griechischen Tempels erbaut. Die Fassade ist reich mit Stuckarbeiten verziert. Nach der Renovierung wird das Gebäude ein interaktives Biermuseum, ein Restaurant und eine Brasserie beherbergen. Nebenan zeigt das Mu-

Fassadendetail, La Bourse

seum Bruxella 1238 archäologische Funde und Relikte des Franziskanerklosters, auf dessen Fundamenten die Börse errichtet wurde.

(4) Manneken Pis
Karte B3 ■ Ecke Rue de l'Étuve & Rue du Chêne

Niemand weiß, warum die Bronzeplastik eines urinierenden Knaben zum beliebtesten Symbol Brüssels wurde. Seit dem frühen 18. Jahrhundert werden für die Figur Kostüme aller Art gefertigt.

Galeries Royales Saint-Hubert

(5) Galeries Royales Saint-Hubert
Karte C3 ■ 5 Galerie du Roi +32 (02) 545 09 90 ■ www.grsh.be

Die elegante, von einem gläsernen Kuppeldach überspannte Einkaufspassage wurde 1847 eröffnet. Sie ist die älteste Europas.

(6) Place Saint-Géry
Karte B3

Die 1881 als Fleischmarkt erbauten Halles Saint-Géry an dem Platz bieten heute Kunsthandwerksmärkte und Ausstellungen sowie ein Café. Das Areal um die einstigen Markthallen ist für das pulsierende Nachtleben bekannt.

7 Maison Dandoy
Karte C3 ▪ Rue au Beurre 31
▪ +32 (02) 540 2702 ▪ tägl. 10–19 Uhr
▪ www.maisondandoy.com

Die seit 1829 existierende Bäckerei lockt mit köstlichen belgischen Keksen wie *speculoos* und *sablés* sowie leckeren Waffeln.

8 Statue von Charles Buls
Karte C3

Die Statue auf der Place Agora zeigt den Künstler, Gelehrten und Politiker Charles Buls (1837–1914) mit seinem Hund. Buls ließ als Bürgermeister von Brüssel (1891–1899) die Grand Place restaurieren.

Église Notre-Dame du Bon Secours

9 Église Saint-Nicolas
Karte C3 ▪ Rue au Beurre 1
▪ +32 (0)2 213 0065 ▪ Mo – Fr 10–18 Uhr, Sa & So 9–18 Uhr

Die auf das 14. Jahrhundert zurückgehende Kirche ist dem hl. Nikolaus von Myra, dem Schutzheiligen der Kaufleute, geweiht. Sie wurde von den Händlern der Grand Place besucht. Die Kirche besitzt trotz der Entweihung durch protestantische Aufständische im 16. Jahrhundert und des Angriffs von 1695 *(siehe S. 15)* mittelalterliches Flair.

10 Église Notre-Dame du Bon Secours
Karte B3 ▪ Rue du Marché au Charbon 91 ▪ +32 (0)2 514 3113
▪ tägl. 9–17 Uhr

In der Kirche (17. Jh.) ist der von einer Kuppeldecke überspannte Chor mit sechseckigem Grundriss besonders sehenswert. An der Fassade prangt das Wappen von Karl Alexander von Lothringen, der im 18. Jahrhundert Gouveneur der Österreichischen Niederlande war.

Île Saint-Géry & Senne

Der Legende nach erbaute Gaugerich von Cambrai (französisch Saint-Géry) im 6. Jahrhundert auf der größten Insel in der Senne, die durch ein Sumpfgebiet floss, eine Kirche. Der älteste schriftliche Beleg des Namens der Siedlung, die um die Kirche entstand – Bruocsella bzw. Broekzele / Broeksel (»Haus im Sumpf«) – stammt von 966. Die eigentliche Stadtgründung wird auf 979 datiert, als Karl von Niederlothringen die Gebeine der hl. Gudula in die Kirche verbringen und auf der Île Saint-Géry eine Burg errichten ließ. Die Senne floss bis ins 19. Jahrhundert durch Brüssel. Da der kleine Fluss durch das Anwachsen der Stadtbevölkerung stark verunreinigte, wurde er von 1867 bis 1871 überbaut. So entstanden u. a. die Boulevards Anspach und Adolphe Max. Die Senne wurde in das zu jener Zeit angelegte Abwassersystem der Stadt integriert.

Die Senne im Jahr 1587

Musées royaux des Beaux-Arts de Belgique, Brüssel

Die »Königlichen Museen der Schönen Künste« bergen eine außerordentlich große Anzahl von Werken berühmter Künstler aus verschiedensten Epochen und die weltweit größte Sammlung von Kunst aus den Benelux-Ländern. Sie umfassen das Musée Oldmasters (15.–18. Jh.), das Musée Fin-de-Siècle (19./20. Jh.) und das Musée Magritte.

Realismus bis Post-Impressionismus ❶

Die Sammlung im Musée Fin-de-Siècle zeigt, dass belgische Künstler bei der Adaption französischer Stilrichtungen eigene Akzente setzten. Hippolyte Boulenger bediente sich des Stils des Realismus. Émile Claus prägte den Stil des Luminismus. Henri Evenepoels Malweise ähnelt der von Edgar Degas. James Ensor zählt zu den Vorreitern des Expressionismus *(rechts)*.

Sammlung Gillion Crowet ❸

Die exzellente Sammlung im Musée Fin-de-Siècle vereint Werke von bedeutenden Vertretern des Art nouveau wie Victor Horta, Émile Gallé, Alphonse Mucha und Fernand Khnopff *(unten)*.

Altniederländische Malerei ❷

Die Abteilung des Musée Oldmasters beinhaltet Werke von Rogier van der Weyden *(oben)*, Hans Memling, Dierick Bouts, Petrus Christus und Rachel Ruysch. Die »Flämische Primitive«, in der die Technik der Ölmalerei perfektioniert wurde, hatte großen Einfluss auf die italienische Kunst.

Musée Oldmasters ❹

Das Museum zeigt neben Altniederländischer Malerei Werke von Pieter Brueghel d. Ä., dem Meister der Niederländischen Renaissance, sowie exquisite Gemälde von Rubens, van Dyck und Jordaens. Es sind auch Werke von Claude Lorrain, Tiepolo und Jacques-Louis David zu bewundern, der Schwerpunkt liegt jedoch auf belgischer Kunst.

⑤ Musée Magritte

Auch wenn die Gemälde von René Magritte *(oben)* als Reproduktionen weithin bekannt sind, begeistert der Blick auf die Originale. Das Museum birgt die weltweit größte Sammlung von Werken Magrittes.

⑥ Musée Fin-de-Siècle

Das dem Art nouveau gewidmete Museum zeigt Gemälde, Skulpturen und dekorative Kunst. Es informiert auch über die Architektur von 1884 bis 1914.

⑦ Musée Modern

Bis zum Umzug der Sammlung in die Espace Vanderborght werden Werke des 20. und 21. Jahrhunderts *(unten)* in Wechselausstellungen gezeigt.

⑧ Rubens-Sammlung

Wer Rubens' Œuvre nur mit üppigen, nackten Frauen verbindet, wird beim Studium der Gemälde im Musée Oldmasters von der Spontaneität, dem Élan und der Risikobereitschaft des Barockkünstlers überrascht sein.

⑨ Gebäude

Die Museumsgebäude auf dem Coudenberg, auf dem sich einst der Palast der Herzöge von Brabant befand, wurden von dem belgischen Architekten Alphonse Balat (1818–1895) entworfen.

⑩ Belgischer Symbolismus

In der Sammlung im Musée Fin-de-Siècle bezeugen Werke von Léon Frédéric Jean Delville, Léon Spilliaert u. a. den Ideenreichtum der belgischen Symbolisten.

Infobox

Karte C4 ▪ Musée Oldmasters & Musée Fin-de-Siècle: Rue de la Régence 3; Musée Magritte: Place Royale 1 ▪ +32 (0)2 508 3211 ▪ Métro: Parc, Gare Centrale ▪ www.fine-arts-museum.be

▪ Di – Fr 10 – 17 Uhr, Sa & So 11 – 18 Uhr

▪ Eintritt: Kombiticket Musée Oldmasters & Musée Fin-de-Siècle: 10 €; Musée Magritte 10 €; Kombiticket für alle drei Museen: 15 €; Senioren (ab 65 Jahre) 8 € (10 €); Schüler & Studenten (bis 26 Jahre) 3 € (5 €); Kinder unter 18 Jahren frei; 1. Mi im Monat ab 13 Uhr frei

▪ Jedes der Museen bietet ein Café. Attraktiver ist jedoch das Restaurant im nahe gelegenen Musée des Instruments de Musique *(siehe S. 20f)*. Auch die Cafés an der Place du Grand Sablon, darunter der exquisite *chocolatier* Wittamer *(siehe S. 78)*, liegen in Gehweite.

▪ In der Regel herrscht in den Museen an den Nachmittagen Mitte der Woche wenig Betrieb.

Kurzführer

Das Musée Oldmasters nimmt die zweite Etage des weitläufigen Gebäudes an der Rue de la Régence ein. Die Räume des Musée Fin-de-Siècle gruppieren sich – zum Teil unterirdisch – um einen halbkreisförmigen Lichtschacht. Das Musée Magritte im benachbarten Gebäude an der Place Royale erstreckt sich über fünf Stockwerke.

TOP 10 ⭐ Musée des Instruments de Musique, Brüssel

Das kurz MIM genannte Museum besitzt eine faszinierende Sammlung von historischen und modernen Musikinstrumenten. Die Ausstellungsstücke – eine Auswahl aus dem mehr als 7000 Objekte umfassenden Bestand – sind wunderbar arrangiert. Über Kopfhörer können Besucher dem Klang der einzelnen Instrumente lauschen. Das Museum ist in dem einstigen Kaufhaus »Old England«, einem wunderschönen Art-nouveau-Gebäude, ansässig.

1 Gebäude
Das 1899 als Kaufhaus »Old England« errichtete Gebäude *(unten)* weist die für die Art-nouveau-Architektur typische Glas-Stahl-Bauweise auf. Es lohnt sich, beim Museumsbesuch auf architektonische Details zu achten.

2 Historischer Überblick
Die Abteilung zeigt die Entwicklung abendländischer Instrumente von der Antike über die Renaissance bis zum 19. Jahrhundert auf. Per Kopfhörer wird man der zunehmenden Komplexität der Klänge gewahr.

3 Saiteninstrumente
In der Abteilung sind Violinen *(rechts)*, Psalterien, Harfen, Lauten, Gitarren und Hackbretter sowie der Nachbau der Werkstatt eines Geigenbauers zu sehen.

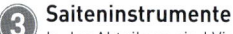

4 20. Jahrhundert
Ende des 20. Jahrhunderts wurden elektronische Komponenten in der Musik bedeutend – von Verstärkern über Synthesizer bis zu computergenerierten Klängen. Die kleine Sammlung bietet faszinierende Einblicke. Zu den Exponaten gehören auch die in der frühen elektronischen Musik verbreiteten Ondes Martenot.

6 Mechanische Instrumente
In der Abteilung wird der Erfindergeist von Instrumentenbauern offenkundig. Zu den Exponaten zählen überaus kunstvolle Spieldosen und ein Carillon – ein mittels Klaviatur spielbares Glockenspiel.

5 Instrumente aus aller Welt
Das Museum widmet sich auch der Musikethnologie. Es zeigt Panflöten, Sitars, Harfen und Trommeln aus Afrika, Instrumente indonesischer Gamelan und dekorative Hörner *(unten)*.

7 Restaurant

Auch wenn das Restaurant zurzeit wegen Renovierung geschlossen ist, lohnt die Fahrt mit dem Aufzug in den neunten Stock des Museums: Die herrliche Aussicht reicht vom Hôtel de Ville über die Basilique Nationale du Sacré-Cœur bis zum Atomium.

Posaune mit sieben Schalltrichtern

10 Multimedia-Guide

Besucher, die den im Eintrittspreis enthaltenen Multimedia-Guide nutzen, bekommen zu den Exponaten Klangbeispiele, Bilder und weitere Informationen präsentiert.

Legende

- Untergeschoss
- Erdgeschoss
- Erster Stock
- Zweiter Stock
- Dritter Stock
- Vierter Stock
- Siebter Stock
- Neunter Stock

8 Tasteninstrumente

Highlights sind die Instrumente der Ruckers, der bekanntesten Cembalobauer im Antwerpen des 16. und 17. Jahrhunderts.

9 Europäische Folkloreinstrumente

Zu der faszinierenden Sammlung gehören Flöten, Rasseln, Akkordeons, Drehleiern und einige außergewöhnliche Instrumente wie belgische Glastrompeten.

Infobox

Karte D4 ▪ Rue Montagne de la Cour 2 ▪ +32 (0)2 545 0130 ▪ Métro: Parc, Gare Central ▪ www.mim.be

▪ Di – Fr 9.30 –17 Uhr, Sa & So 10 –17 Uhr

▪ Eintritt 15 €; Senioren (ab 65 Jahre) 13 €; Studenten 8 €; Kinder unter 18 Jahren frei; 1. Mi im Monat ab 13 Uhr frei

▪ Bis das Museumsrestaurant nach der Renovierung wieder öffnet, kann man sich in den Cafés an der nahe gelegenen Place du Grand Sablon stärken.

▪ Für den Museumsbesuch sollte man mindestens zwei Stunden einplanen. Um die Sammlung vollständig zu würdigen, benötigt man drei bis vier Stunden. Etwa 15 Minuten vor Schließung bittet das Personal Besucher, die Ausstellungssäle langsam zu verlassen.

Kurzführer

Das Museum nimmt vier der neun Etagen des Gebäudes ein. Die mechanischen Instrumente und Objekte aus dem 20. Jahrhundert sind im Untergeschoss, die Instrumente aus aller Welt im Erdgeschoss und die Ausstellung zur Historie abendländischer Instrumente im ersten Stock zu sehen. Die Saiten- und Tasteninstrumente befinden sich im dritten Stock. Im zweiten Stock gibt es einen Laden, im fünften eine Bibliothek, im achten einen Konzertsaal. Das Restaurant liegt im neunten Stockwerk.

TOP 10 ⭐ Musée Horta, Brüssel

Ende des 19. Jahrhunderts war Brüssel ein Zentrum für avantgardistisches Design. Um die Nachfrage nach eleganten Wohnhäusern in der rasch wachsenden Stadt zu befriedigen, griffen Architekten auf verschiedenste historische Muster zurück. 1893 setzte Victor Horta diesem Eklektizismus den später »Art nouveau« genannten Stil entgegen, den er in seinem Wohnhaus, dem heutigen Museum, vollständig zur Entfaltung brachte.

Gebäude **1**

Hortas Entwürfe orientierten sich an den Bedürfnissen und Lebensgewohnheiten seiner Auftraggeber. Sein eigenes Haus *(rechts)* hat einen Bereich mit Wohnräumen sowie einen mit Ateliers und Büros.

2 Möbel

Die von Horta entworfenen Möbel zeigen Art-nouveau-Anklänge, im Grunde sind die Designs aber zweckmäßig und dezent.

3 Holzarbeiten

Der Art nouveau verbindet Strenge und Luxus. Die mit Schnitzereien verzierten Holzpaneele im Speisezimmer sind naturbelassen, damit der Charakter des Holzes zur Geltung kommt.

6 Modell der Maison du Peuple

Horta schuf viele Geschäfts- und öffentliche Gebäude. Die Maison du Peuple wurde 1895 nach Plänen des Architekten für die belgische Arbeiterpartei *(Parti Ouvrier Belge)* erbaut. Im Keller des Museums steht ein Modell des Gebäudes.

4 Skulpturen

Im ganzen Haus finden sich von belgischen Künstlern im ausgehenden 19. Jahrhundert geschaffene Skulpturen. Die Bronzefigur *La Ronde des Heures (unten)* im rückwärtigen Salon im ersten Stock schuf Philippe Wolfers (1858–1929), der oft mit Horta zusammenarbeitete.

5 Eisenkonstruktionen

Hortas Einsatz von Eisen als Baumaterial war zu seiner Zeit innovativ. Der Architekt ließ einige Streben unverkleidet und versah sie mit Verzierungen, um die Aufmerksamkeit darauf zu lenken *(links)*.

7 Buntglas

Zierelemente aus durch Bleiruten verbundenen farbigen Flachglasstücken sind ein zentrales Element des Art nouveau. In Hortas Wohnhaus sind sie u. a. an Türverkleidungen und im Oberlicht des Treppenhauses zu sehen.

⑧ Mosaiken

Die geschwungenen Linien der Artnouveau-Muster bei den wunderbaren Bodenmosaiken des Speisezimmers *(links)* mildern die Strenge der Wand- und Deckenfliesen.

⑨ Treppenhaus

Das von einem großen gewölbten Oberlicht erhellte Treppenhaus ist maßgebend für die Innenarchitektur des Hauses. Die schmiedeeisernen Treppengeländer *(oben)* sind reich verziert.

Ausstattung ⑩

Als exzellenter Innenarchitekt widmete sich Horta jedem Detail – von den Lampen *(rechts)* über die Türklinken bis zu den Kleiderhaken. Da er nichts dem Zufall überließ, schuf er mit seinen Gebäuden ganzheitliche architektonische Meisterwerke.

Victor Horta

Victor Horta (1861–1947), Sohn eines Genter Schusters, beschäftigte sich schon im Alter von 13 Jahren mit Architektur. 1893 wurde er durch den Bau des Hôtel Tassel *(siehe S. 48)* berühmt. Danach schuf er Wohn- und Kaufhäuser sowie öffentliche Gebäude. Als der Art nouveau nach dem Ersten Weltkrieg aus der Mode kam, entwickelte er einen strengeren Stil, der u. a. das Brüsseler Palais des Beaux-Arts kennzeichnet. 1932 wurde Horta der Adelstitel Baron verliehen.

Infobox

Karte G2 ▪ Rue Américaine 27, Saint-Gilles, Brüssel ▪ +32 (0)2 543 0490 ▪ Tram: 81, 91, 92, 97 (Place Janson) ▪ www. hortamuseum.be

▪ Di – Fr 14 –17.30, Sa & So 11 –17.30 Uhr

▪ Eintritt: 12 €; Senioren (ab 65 Jahre) 10 €; Studenten (18 – 30 Jahre) 6 €; Kinder (6 –18 Jahre) 3,50 €, unter 6 Jahren frei

▪ An der Place du Châtelain gibt es viele Cafés und Bars. Für ein preiswertes Mittagessen vor dem Museumsbesuch am Wochenende empfehlen sich La Canne en Ville *(siehe S. 87)* und La Quincaillerie aus dem Jahr 1903 mit Art-nouveau-Flair *(siehe S. 87)*.

▪ Nahe dem Musée Horta liegen an der Rue Faider, der Rue Defacqz und der Rue Paul-Émile Janson weitere Art-nouveau-Gebäude. Auch das Hôtel Hannon *(siehe S. 48)* ist nicht weit entfernt.

Folgende Doppelseite Cathédrale des Saints Michel et Gudule, Brüssel

TOP 10 ⭐ Centre Belge de la Bande Dessinée, Brüssel

Die Geschichten um Tintin (auf Deutsch: *Tim & Struppi*) sind die wohl berühmtesten Comics aus Belgien. In Belgien wird die *bande dessinée* genannte Literaturform seit Jahrhunderten gepflegt und als »neunte Kunst« bezeichnet. Das Centre Belge de la Bande Dessinée (CBBD) erläutert die Geschichte und die Produktion von Comics und stellt Schöpfer und Hauptfiguren vor.

① L'invention de la Bande Dessinée

Die Ausstellung *(unten)* über die Geschichte des Comics zeigt Manifestationen der Kunstform von der Höhlenmalerei in der Frühzeit bis zu Hochglanzmagazinen aus dem 19. Jahrhundert.

④ Gebäude

Das Museum ist in den einstigen Magasins Waucquez ansässig. Das Warenhaus, ein prächtiges Art-nouveau-Gebäude mit Glas und Gusseisen *(rechts)*, wurde 1903 bis 1906 nach Plänen von Victor Horta *(siehe S. 49)* erbaut.

② L'Art de la BD

In der Abteilung wird anhand von Originalzeichnungen der Entstehungsprozess eines Comics erläutert. Viele Künstler, die in traditionellen oder modernen Stilrichtungen arbeiten, stellten Skizzen und Studien zur Verfügung, um die Produktionsweise von Comics zu erläutern.

⑤ Slumberland

Der Buchladen wurde nach dem Comic *Little Nemo in Slumberland (Der kleine Nemo im Schlummerland)* benannt.

⑥ L'espace Peyo

Die Ausstellung ist den Schlümpfen und ihrem Schöpfer Peyo gewidmet. Kinder können in einem Schlumpfhaus spielen.

③ L'espace Pieter de Poortere

Die Ausstellung präsentiert Comics und Zeichentrickfilme mit der von Pieter de Poortere geschaffenen Figur Dickie.

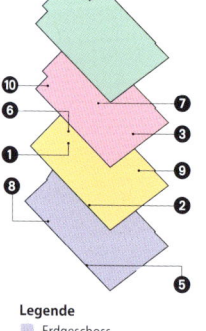

Legende

🟦 Erdgeschoss
🟨 Erster Stock
🟥 Zweiter Stock
🟩 Dritter Stock

7 Victor Horta et les magasins Waucquez

Die Ausstellung *(links)* informiert über die Geschichte des von Horta entworfenen Gebäudes.

8 Bibliothek

Der Zugang zum Lesesaal der Bibliothek ist im Eintrittspreis für das Museum enthalten.

Tintin

Tintin war erstmals 1929 in der Kinderbeilage *Le Petit Vingtième* der Zeitung *Le Vingtième Siècle* zu sehen. Der in Brüssel geborene Comiczeichner Hergé (Georges Rémi) ließ seine Figur Abenteuer mit Bezug zur Zeitgeschichte bestehen. *Le Sceptre d'Ottokar (König Ottokars Zepter)* etwa beschäftigt sich mit dem aufkommenden Faschismus. Der Charme der Comics beruht auf der naiven Entschlossenheit von Tintin (Tim) und archetypischen Figuren wie Capitaine Haddock und dem Hund Milou (Struppi).

9 Gallery

In dem Ausstellungsraum werden Neuerscheinungen von Comics aus aller Welt präsentiert. Die Werke sind klassischen oder modernen Stils und gehören verschiedensten Genres an, von Fantasy über Satire bis Krimi.

Infobox

Karte D2 ▪ Rue des Sables 20 ▪ +32 (0)2 219 1980 ▪ Métro: Gare Central ▪ www.cbbd.be

▪ Di – So 10 –18 Uhr (Juli & Aug: tägl.)

▪ Eintritt 13 €, Senioren (ab 65 Jahre); Schüler & Studenten (12 25 Jahre) 10 €; Kinder (6 –11 Jahre) 6 €, unter 6 Jahren frei

▪ Die Brasserie Horta im Museum bietet eine gute Auswahl an Mittagsgerichten. Alternativ empfehlen sich die Cafés und Restaurants an der nahe gelegenen Grand Place und das traditionelle Bierlokal À La Mort Subite *(siehe S. 78)*.

▪ Da das Museum das Ziel verfolgt, über die Entwicklung der Kunstform der Comics zu informieren, eignet es sich nur bedingt für Kinder, vor allem wenn diese kein Französisch oder Niederländisch sprechen.

10 Tintin

Tintin ist die zentrale Figur im Centre Belge de la Bande Dessinée. Die Comic-Alben des belgischen Zeichners Hergé wurden in rund 40 Sprachen übersetzt, weltweit wurden über 140 Millionen Exemplare verkauft. Das Museum präsentiert die Hauptfiguren *(unten)* und die Rakete, mit der Tintin zum Mond fliegt

TOP 10 ⭐ Burg, Brügge

Brügge entwickelte sich im 10. Jahrhundert um eine im Marschland des Flusses Reie errichtete Burg. Der bezaubernde Platz am einstigen Standort der Burg ist das historische Zentrum der Stadt. Das spätgotische Stadhuis (Rathaus), das imposanteste Gebäude am Platz, datiert aus der Zeit, als Brügge ein bedeutendes Handelszentrum war. Die weiteren Bauwerke weisen Stilrichtungen verschiedenster Epochen auf.

1 Breidelstraat

Die hübsche kleine Straße verbindet Burg und Markt. Sie ist von Läden gesäumt, die Souvenirs und eine der berühmtesten Waren der Stadt, Brügger Spitze, verkaufen.

2 Blinde-Ezelstraat

Die bezaubernde Straße (oben) führt unter einem Bogen hindurch, der Oude Civiele Griffie und Stadhuis verbindet. Der Name »Blinder-Esel-Straße« geht wohl auf ein Gasthaus zurück.

Heilig-Bloedbasiliek 4

Das Interieur der romanischen Basilika (rechts) wurde im 19. Jahrhundert im neugotischen Stil umgestaltet. Im Museum der Kirche wird eine Heiligblut-Reliquie verwahrt.

3 Renaissance-Saal im Brugse Vrije

Der monumentale Kaiser-Karl-Kamin in dem Saal im ehemaligen Landeshaus des Brügger Freiamts ist überaus beeindruckend. Er ist aus Eichenholz, Marmor und Alabaster gefertigt.

⑤ Stadhuis

Das Stadhuis (Rathaus; *oben*) zeugt von der großen Bedeutung Brügges im Mittelalter. Das 1376 bis 1421 im Stil der Flamboyantgotik errichtete Gebäude zählt zu den prächtigsten mittelalterlichen Profanbauten Europas.

Blick auf Stadhuis und Burg

⑧ Sint-Basiliuskapel

Die Unterkirche der Heilig-Bloedbasiliek wurde im 12. Jahrhundert aus grobem grauem Stein erbaut. Der wuchtige romanische Stil kontrastiert mit dem neugotischen Interieur der Oberkirche. Die Sint-Basiliuskapel erinnert an den Ursprung des Platzes als Standort der Burg.

⑨ Oude Civiele Griffie

Die Alte Zivilkanzlei ist eines von wenigen Bauwerken im Renaissance-Stil in Brügge.

⑥ Sint-Donaas-proosdij

Die 1665/66 erbaute Probstei zeigt prächtigen Barockstil. Die Balustrade auf dem Dach des Gebäudes krönt eine Statue der Justitia.

⑩ Nordseite

Die Bronzestatue *De Jonggehuwden (Die Frischvermählten)* in dem kleinen Park am einstigen Standort der Sint-Donaaskerk *(siehe Kasten)* schufen Stefaan Depuydt und seine Frau Livia Canestraro 1986.

⑦ Landhuis van het Brugse Vrije

Das im 18. Jahrhundert errichtete Gebäude war Sitz des Brügger Freiamts, dem die Verwaltung eines großen Gebiets um Brügge oblag. Die Stadt Brügge besaß eine eigene Verwaltung.

Die verschwundene Kathedrale

Darstellungen des Stadtzentrums Brügges vor 1799 zeigen an der Nordseite der Platzes die Sint-Donaaskerk. Die erste Kirche an der Stelle wurde zur Zeit der Stadtgründung erbaut. Sie barg das Grab von Jan van Eyck. Die Kirche wurde später erweitert und 1559 zur Kathedrale erhoben. Während der Französischen Revolution wurde sie abgerissen. Im Hotel Crowne Plaza Brugge *(siehe S. 127)* sind im 20. Jahrhundert freigelegte Fundamente der Kathedrale zu sehen.

Infobox

■ Karte L4 ■ Bus: Markt

Renaissance-Saal im Brugse Vrije: Burg 11a
■ +32 (0)50 448 743
■ Sa & So 9.30 –17 Uhr
■ Eintritt im Ticket für Stadhuis enthalten

Heilig-Bloedbasiliek & Sint-Basiliuskapel: Burg 13 ■ +32 (0)50 336 792 ■ tägl. 10 –17.15 Uhr
■ Museum: Eintritt 5 €; Kinder unter 12 Jahren frei ■ www.holyblood.com

Stadhuis: Burg 12
■ +32 (0)50 448 743
■ tägl. 9.30 –17 Uhr
■ Eintritt: 8 €; Jugendliche (18 – 25 Jahre) / €; Kinder (13 –17 Jahre) 4 €, unter 13 Jahren frei

----

■ In der Nähe des Platzes bietet das altehrwürdige Café De Garre *(siehe S. 97)* Getränke und Snacks.

■ Für die Besichtigung sämtlicher Sehenswürdigkeiten am Platz benötigt man rund zwei Stunden.

TOP 10 ★ Groeningemuseum & Sint-Janshospitaal, Brügge

Im Groeningemuseum und im Sint-Janshospitaal kann man exquisite spätmittelalterliche Kunst bestaunen. Das kleine Museum präsentiert u. a. Arbeiten von Jan van Eyck. Die Werke, die Hans Memling für die Kapelle des Sint-Jans-hospitaal schuf, sind weltberühmt.

1 Ursula-Legende

Die Altartafeln *(links)* des unbekannten »Meisters der Brügger Ursula-Legende« schildern das Martyrium der Heiligen, die mit 11 000 weiteren Jungfrauen bei einer Wallfahrt getötet wurde.

2 Ursulaschrein

Der Schrein (1489) mit sechs Darstellungen der Ursula-Legende wurde von Hans Memling für das Sint-Janshospitaal angefertigt *(unten)*.

4 Das jüngste Gericht

Pein und Höllenqualen sind die Themen vieler Werke von Hieronymus Bosch (ca. 1450–1516). Das Gemälde im Groeningemuseum bezeugt das spätmittelalterliche religiöse Empfinden.

Infobox

Groeningemuseum:
Karte L4 ▪ Dijver 12 ▪ +32 (0)50 448 743 ▪ Bus: 1, 6, 11, 12, 16 (Dijver) ▪ Do – Di 9.30 – 17 Uhr ▪ Eintritt 15 €; Jugendliche (18 – 25 Jahre) 13 €; Kinder (13 – 17 Jahre) 7 €; unter 13 Jahren frei

Sint-Janshospitaal:
Karte K5 ▪ Mariastraat 38 ▪ +32 (0)50 448 743 ▪ Bus: 1, 6, 11, 12, 16 (O. L. V. Kerk) ▪ Do – Di 9.30 – 17 Uhr ▪ Eintritt 15 €; Jugendliche (18 – 25 Jahre) 13 €; Kinder (13 – 17 Jahre) 7 €; unter 13 Jahren frei

▪ Das Groeningemuseum liegt nahe dem Stadtzentrum mit Cafés und Restaurants *(siehe S. 97)*.

▪ Die drei Tage gültige Musea Brugge Card bietet Ermäßigungen in den beiden Museen und zehn weiteren Attraktionen (www.museabrugge.be).

3 Anbetung der Könige

Das Werk (1479) von Memling in der Kapelle des Sint-Janshospitaal ist auch als »Triptychon des Jan Floreins« bekannt – der Mäzen ist auf der linken Seite der mittleren Tafel kniend dargestellt *(rechts)*.

⑤ Triptychon des Willem Moreel

Das Werk schuf Memling 1484 für den Brügger Politiker Willem Moreel. Moreel ist auf der linken, seine Frau auf der rechten Tafel dargestellt. Die mittlere Tafel zeigt mehrere Heilige.

⑧ Secret-Reflet

Das Bild (1902) von Fernand Khnopff (1858–1921), dem Hauptvertreter des belgischen Symbolismus, enthält eine Darstellung des Sint-Janshospitaal. Es ist im Groeningemuseum ausgestellt.

Brügges Blütezeit

Brügge erlebte unter der Herrschaft der Herzöge von Burgund (siehe S. 40) eine wirtschaftliche und kulturelle Blütezeit. Die Brügger Oberschicht erlangte Reichtum und förderte die Künste. Die Herzöge von Burgund verbanden sich durch Heirat mit europäischen Königshäusern: Philipp der Gute ehelichte Isabella von Portugal, Karl der Kühne Margareta von York. Die Hochzeiten waren rauschende Feste, von denen man sich in ganz Europa erzählte. Die flämischen Meister fingen diese Lebenswelt in ihren Gemälden ein.

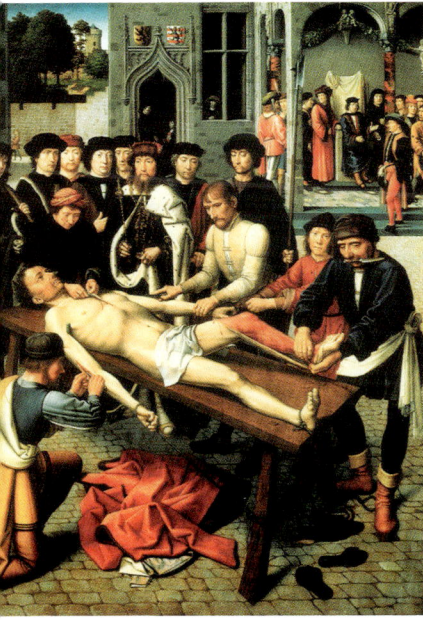

⑨ Martyrium des heiligen Hippolyt von Rom

Eine Tafel des Triptychons (15. Jh.) von Dierick Bouts und Hugo van der Goes zeigt, wie der Heilige mithilfe von davongaloppierenden Pferden gevierteilt wird. Die grausame, detailliert gemalte Szene wirkt merkwürdig ruhig.

⑥ Das Urteil des Kambyses

1488 inhaftierte die Stadt Brügge den römisch-deutschen Kaiser Maximilian I. Das Diptychon (oben) von Gerard David wurde als Zeichen der Abbitte in Auftrag gegeben. Das Werk, das die grausame Häutung eines korrupten Richters zeigt, befand sich ursprünglich im Stadhuis.

⑩ Madonna des Kanonikus Georg van der Paele

Das Gemälde (1436; unten) von Jan van Eyck ist das bedeutendste Werk im Groeningemuseum. Es beeindruckt durch den Detailreichtum.

⑦ Triptychon der hl. Johannes

In dem Werk von Hans Memling aus dem Jahr 1479 sind Johannes der Täufer und Johannes der Evangelist – die beiden Schutzheiligen des Sint-Janshospitaal – dargestellt.

 ⭐ **Kathedrale, Antwerpen**

Die Onze-Lieve-Vrouwekathedraal ist die größte Kirche in den Beneluxländern und prächtiges Beispiel der Brabanter Gotik. Sie wurde in über 170 Jahren erbaut. Der grazile Turm ist ein Wahrzeichen Antwerpens. Trotz Beschädigungen durch einen Brand im 16. Jahrhundert und Zerstörungen durch die calvinistischen Bilderstürmer im 18. Jahrhundert weist die Kathedrale viele Kunstschätze auf, u. a. zwei Triptychen von Rubens.

1 *Die Kreuzaufrichtung*
Das Triptychon *(unten)* und die *Kreuzabnahme* auf der anderen Seite des Hauptschiffs förderten Rubens' Ansehen in Antwerpen. Vor allem die mittleren und rechten Tafeln zeigen die dynamische Darstellungsweise des Malers.

2 **Wandgemälde**
Die Wandgemälde, die einst die Kirche zierten, verblassten oder wurden übermalt. Einige wurden inzwischen restauriert.

3 **Kanzel**
Kanzeln aus Eichenholz mit kunstvollen Schnitzereien gibt es in vielen belgischen Kirchen. In der Antwerpener Kahedrale ist das Motiv der Kanzel – die Verkündigung des Evangeliums in den vier Erdteilen – prachtvoll mit Vögeln, Bäumen, Engeln und Heiligen gestaltet.

4 **Hauptschiff**
Die Weite und die Höhe des Raumes sowie die vielen Buntglasfenster lassen das Hauptschiff *(oben)* hell und luftig wirken. Da die seitlichen Säulen keine Kapitelle besitzen, sondern direkt in das gotische Rippengewölbe übergehen, wird dieser Eindruck verstärkt.

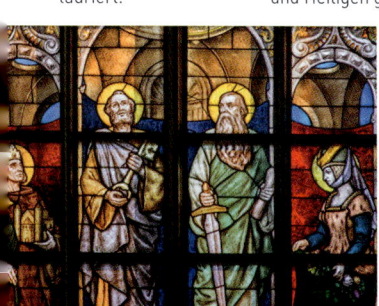

5 **Burgundisches Fenster**
Viele der originalen Buntglasfenster der Kathedrale sind erhalten. Das älteste, das Burgundische Fenster *(links)*, datiert von 1503. Es zeigt Philipp I. den Schönen (1478–1506), König von Kastilien und Herzog von Burgund, seine Gemahlin Johanna und die Schutzheiligen des Paares.

Turm ⑥

Der elegante Turm wurde ab der Mitte des 15. Jahrhunderts in über 100 Jahren erbaut. Er ist 123 Meter hoch. Zur Spitze hin wird der gotische Stil zunehmend gewagter. Vergleichbarer Art ist nur der Turm des Brüsseler Hôtel de Ville, der etwa zur selben Zeit entstand.

Madonna mit Kind ⑦

Die Holzfigur *(oben)* wird seit dem 16. Jahrhundert verehrt. Sie wird immer wieder mit neuen Kleidern und Kronen ausgestattet.

Schyven-Orgel ⑧

Der prachtvolle Orgelprospekt wurde im 17. Jahrhundert von drei führenden Bildhauern jener Zeit geschaffen.

Kuppel ⑨

Von außen wirkt die Kuppel wie eine aufgesetzte Zwiebel. Innen erkennt man, dass die Fensterreihen das Licht auf Cornelis Schuts Deckengemälde *Mariä Himmelfahrt* (1647) lenken. Es entsteht der Eindruck, man blicke direkt in den Himmel.

Erhöhung der Jungfrau Maria durch die Kunst ⑩

Bei Renovierungsarbeiten im 19. Jahrhundert wurde das mittelalterliche Flair in einigen Kapellen hinter dem Chor wiederhergestellt. Das Triptychon von Albert de Vriendt ist ein prächtiges Beispiel des von Jan van Eyck begründeten Stils der altniederländischen Malerei.

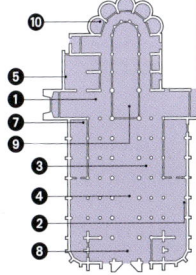

Bilderstürmer & Revolutionäre

Der einst überaus reich geschmückten Kathedrale verliehen zwei historische Ereignisse ein nüchterneres Ambiente: In den 1560er Jahren plünderten calvinistische Bilderstürmer die Kirchen im Land. Sie entwendeten Statuen, Gemälde und Reliquien. Während der Französischen Revolution wurden Kirchen von den Besatzern zerstört oder als Gerichtsgebäude, Baracken oder Fabriken genutzt. Die Antwerpener Kathedrale wurde 1794 geplündert und diente als Viehstall.

Infobox

- Karte T2
- Groenplaats 21
- +32 (0)3 213 9951
- Tram: Groenplaats
- www.dekathedraal.be

■ Mo – Fr 10 – 17 Uhr, Sa 10 – 15 Uhr, So & Feiertage 13 – 17 Uhr

■ Eintritt: 12 €; Senioren (ab 65 Jahren) Studenten, Senioren & Menschen mit Einschränkungen 10 €; unter 18 Jahren frei

■ In der Nähe der Kathedrale gibt es viele Cafés, Bars und Restaurants. Die mit Heiligenstatuen und Devotionalien geschmückte, urige Bar Het Elfde Gebod (»Das elfte Gebot«) bietet leckere Hausmannskost und eine gute Auswahl an Bieren (*siehe S. 107*).

■ Die 49 Glocken der Kathedrale spielen stündlich Melodien. Im Sommer finden zusätzlich Carillon-Konzerte statt, bei denen die Glocken vom Spieler über eine Klaviatur gesteuert werden.

TOP10 ⭐ Koninklijk Museum voor Schone Kunsten, Antwerpen

Die erstklassige Sammlung des in einem prächtigen historischen Gebäude ansässigen »Königlichen Museums der Schönen Künste« (KMSKA) umfasst 8400 Arbeiten belgischer Künstler. In der Dauerausstellung werden Werke des 14. bis 20. Jahrhunderts präsentiert, darunter bedeutende Gemälde der »Flämischen Primitiven«. Das Museum wurde 2022 nach über zehnjähriger Renovierung wiedereröffnet. Die 50 Säle sind nun mit modernster Ausstellungstechnik versehen.

4 Garten
Die traditionelle Gestaltung des Gartens spiegelt die lange Geschichte des Museums wider. Die beliebte Grünanlage ist nur während der Öffnungszeiten des Museums zugänglich. Sie dient auch als Gelände für Freilichtausstellungen.

1 Fassade
Die Fassade *(oben)* schmücken Büsten, die berühmte Maler wie Rubens, Michelangelo und Rembrandt zeigen. Vier Frauenfiguren symbolisieren die Baukunst, die Malerei, das Zeichnen und die Bildhauerei. Die Skulpturen *Triumph der Schönen Künste* auf dem Dach schuf Thomas Vinçotte 1905.

2 Sammlung Rik Wouters
Das Museum birgt die weltweit größte Sammlung von Werken Rick Wouters' (1882–1916). Unter den farbenfrohen Gemälden, detaillierten Zeichnungen und ausdrucksstarken Skulpturen sind die Arbeiten, die Szenen aus dem Alltagsleben zeigen, besonders eindrucksvoll.

5 Rubens-Saal
Die zahlreichen Gemälde von Peter Paul Rubens (1577–1640) bezeugen, dass der flämische Barockmaler sämtliche Genres meisterhaft beherrschte – von religiöser bis zur Porträtmalerei. Das wunderbare Werk *Die Anbetung der Könige* sollte man keinesfalls versäumen.

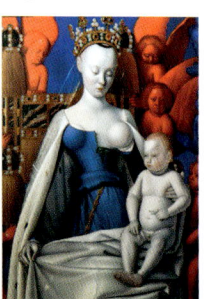

3 *Madonna umgeben von Seraphim und Cherubim*
Das modern wirkende Gemälde *(links)* schuf der französische Hofmaler Jean Fouquet im Jahr 1450. Das Werk, das die Jungfrau Maria als Königin des Himmels zeigt, zählt zu den Glanzstücken des Museums.

6 *De laatste dag*
Der belgische Maler Pierre Alechinsky (geb. 1927) gehörte ehemals der Künstlergruppe CoBra an, die eine Wiederbelebung des Expressionismus anstrebte. Er beschrieb sein Schaffen mit den Worten: »Wenn ich male, befreie ich Ungeheuer.« Das Werk *De laatste dag* stammt aus dem Jahr 1964.

⑦ Welkom

Das von der Künstlerin Marie Zolamian (geb. 1975) geschaffene Mosaik *(unten)* in der Eingangshalle des Museums ist mit 76 Quadratmetern das größte Werk dieser Art in Belgien. Es besteht aus 480 000 Teilen und vereint 60 Arten Marmor.

⑧ Van-Dyck-Saal

Der prachtvolle Saal ist mit sorgfältig restaurierten Stuckarbeiten, goldenen Zierelementen und einem wunderschönen Parkettboden versehen. Er beherbergt Meisterwerke des flämischen Barockmalers Anton van Dyck (1599–1641).

Hinter den Kulissen

Das Museum ist auch ein Forschungszentrum mit internationalem Renommee. Es verfügt über eine Werkstatt zur Konservierung von Gemälden. Das KMSKA besitzt als einziges Museum in Flandern die Akkreditierung zur Analyse von Gemälden. Es bietet Seminare zu Maltechniken, Farben und Materialien. Das Programm »Artists in Residence« richtet sich an junge Maler, Bildhauer, Musiker, Tänzer, Lyriker, Bühnenautoren und Schauspieler.

⑨ Groentemarkt

Die Marktszenen des in Antwerpen geborenen Malers Joachim Beuckelaer hatten großen Einfluss auf die Weiterentwicklung des Stilllebens im Europa der Renaissance. Das Bild *Groentemarkt* entstand im Jahr 1567.

⑩ Sammlung James Ensor

Im modernen Anbau des Museums ist die weltweit größte Sammlung an Werken von James Ensor (1860–1949) ausgestellt. Masken *(unten)*, Küstenlandschaften und Skelette sind zentrale Motive der Gemälde.

Infobox

Karte S3 ■ Leopold de Waelplaats 1
■ +32 (0)3 224 7300 ■ Premetro 4
■ www.kmska.be
■ Mo – Fr 10 –17 Uhr (Sep – Juni: Do bis 22 Uhr), Sa, So & Feiertage 10 –18 Uhr
■ Eintritt 20 €; Jugendliche & Studenten (18 – 26 Jahre) 10 €, unter 18 Jahren frei
■ Neben zwei Museumscafés locken Murni Zuid (Leopold de Waelplaats 10) und Wijnbistro Patine (Leopold de Waelstraat 1).

🔟 ⭐ Genter Altar

Die Sint-Baafskathedraal in Gent birgt einen der größten Kunstschätze Mitteleuropas: Der Genter Altar, ein von den Brüdern Hubert und Jan van Eyck gemaltes Polyptychon (1432), zeigt die Heilsgeschichte. Dass das Werk erhalten blieb, grenzt an ein Wunder. 1566 wurde es vor calvinistischen Bilderstürmern gerettet, 1822 vor einem Brand. Teile des Altars wurden 1794 von französischen Soldaten geraubt, 1816 verkauft und 1934 gestohlen. Seit 2021 ist der restaurierte Altar in einem modernen Besucherzentrum in der Crypta der Kathedrale zu sehen.

① Polyptychon

Der rund vier mal fünf Meter große Flügelaltar *(oben)* besteht aus zwölf Tafeln, vier in der Mitte und je vier auf den Flügeln. Die untere Reihe stellt die Spiritualität der Welt und Gottes auserwähltes Volk dar, die obere das Himmelreich mit Adam und Eva zu beiden Seiten.

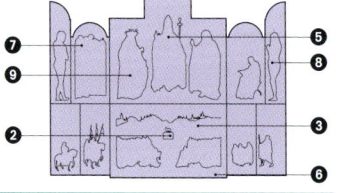

Infobox

Karte Q2 ▪ Sint-Baafskathedraal, Sint-Baafsplein ▪ +32 (0)9 397 1500 ▪ Tram: Duivelsteen ▪ www.sintbaafs kathedraal.be

▪ Genter Altar: tägl. 10 – 17 Uhr (So ab 13 Uhr);

Kathedrale: tägl. 8.30 – 17.30 Uhr (So ab 13 Uhr)

▪ Eintritt Besucherzentrum mit Genter Altar: 12,50 €; AR-Tour 16 €; Kinder unter 12 Jahren 8 €

▪ Nahe der Kathedrale gibt es viele Cafés. Die Terrasse der Brasserie De Foyer *(siehe S. 113)* bietet einen schönen Blick auf den Sint-Baafsplein.

▪ Für die Besichtigung des Genter Altars werden drei Augmented-Reality-Touren angeboten, jeweils mit einer Dauer von 40 oder 60 Minuten. Die Touren kann man online buchen.

5 Gott der Allmächtige

Die zentrale Figur in der oberen Reihe zeigt Gott in einem leuchtend roten Gewand und mit einer juwelenbesetzten Mitra. In der Hand hält er ein Zepter, zu seinen Füßen liegt eine Krone. Das Antlitz strahlt Ruhe und Güte aus *(links)*.

2 Lamm Gottes

Im Zentrum der Tafel *(unten)* steht das Lamm Gottes, dessen Blut auf einen Altar strömt. Vier Gruppen nähern sich ihm: Märtyrerinnen, Gestalten des Neuen Testaments und der Kirchengeschichte, Patriarchen und Propheten des Alten Testaments sowie Gläubige.

3 Himmelsstadt

Im Hintergrund des Mittelbildes erheben sich die Türme des idealisiert dargestellten Jerusalem.

4 Inschrift

Im 19. Jahrhundert wurde eine Inschrift freigelegt, die die Brüder van Eyck als Schöpfer des Genter Altars rühmt.

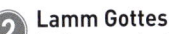

Einfluss auf die europäische Kunst

Die »Flämischen Primitiven«, die Künstler, die vom frühen 15. bis ins 16. Jahrhundert hinein wirkten, perfektionierten die Technik der Ölmalerei. In Italien trug Antonello da Messina wesentlich zur Verbreitung der Ölmalerei bei. Es heißt, er erlernte die Technik von flämischen Meistern. Es erwies sich, dass die Ölmalerei gegenüber der bislang gepflegten Tempera- und Freskomalerei Vorzüge besaß. Die Impulse, die die italienische Kunst durch die neue Technik erhielt, gipfelte in den grandiosen Werken der Hochrenaissance.

8 Eva

Die realistische Darstellung von Adam und Eva empörte Jan van Eycks Zeitgenossen. Heute noch fällt ihre Nacktheit neben all den üppig gewandeten Figuren auf *(links)*. Die beiden Körper zeigen van Eycks Kenntnis der menschlichen Anatomie.

6 Blumen

Die zahlreichen, detailgetreu dargestellten Blüten sind Ausdruck der Überzeugung, dass alles in der Natur Gottes Schöpfung ist.

7 Musizierende Engel

Auf einer Seite der oberen Reihe singt ein himmlischer Chor *(links)*, auf der anderen spielt ein Engelsorchester. Die einzelnen Figuren sind äußerst detailliert gemalt.

9 Maria

Die Gestalt der Maria sagt viel über das mittelalterliche Ideal weiblicher Schönheit aus. Sie hat feine Züge, trägt Juwelen und ist in ihre Lektüre vertieft.

10 Äußere Bildtafeln

Die Seitenflügel lassen sich zuklappen und zeigen auf ihrer Außenseite Bilder in gedämpften Farben. Dies betont beim Öffnen die Farbwirkung des Inneren.

Themen

Huisbrouwerij De Halve Maan, Brügge

⊞ Historische Ereignisse

① Ab 58 v. Chr.: Julius Caesar

Zwar musste das römische Heer im Kampf gegen den mutigen Stamm der »Belgae« wiederholt Rückschläge hinnehmen, doch schließlich siegte Rom. Belgien wurde für ca. 400 Jahre römische Provinz.

② 843: Reichsteilung

Im Vertrag von Verdun wurde das Frankenreich, das unter Karl dem Großen seinen Höhepunkt erlebte, in West-, Mittel- und Ostreich aufgeteilt. Lothar I. erhielt das mittlere Reich, aus dem dann Flandern und Wallonien hervorgingen.

③ 1302: Goldsporenschlacht

Im Mittelalter litt Flandern unter der französischen Tyrannei, was zu einem Volksaufstand führte. In der Goldsporenschlacht fügten flämische Aufständische dem französischen Ritterheer eine schmähliche Niederlage zu.

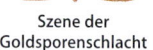

Szene der Goldsporenschlacht

④ 1384: Haus Burgund

Als Ludwig II., Graf von Flandern, 1384 starb, erbte Philipp II. der Kühne (1342–1404), Herzog von Burgund, den Titel. Die Herzöge von Burgund dehnten ihre Herrschaft über die ganzen Niederlande aus. Unter der Regierung von Philipp III. dem Guten (1396–1467) erblühte die Region. Die Hauptstadt Brügge war Zentrum eines Handelsimperiums.

⑤ 1568: Religionsstreit

1515 erbte Karl V., Kaiser des Heiligen Römischen Reiches und König von Spanien, die burgundischen Gebiete. Die Reformation leistete erbitterten Widerstand. 1568, unter Karls Sohn Philipp II., wurden die Grafen Egmont und Hoorn auf der Grand Place hingerichtet, da sie die Verfolgung von Protestanten verurteilt hatten. Nach dem Aufstand der Niederlande wurde das Gebiet in den protestantischen Norden (Niederlande) und den katholischen Süden (heutiges Belgien) geteilt.

⑥ 1815: Schlacht bei Waterloo

Als die Spanischen Niederlande 1714 an Österreich fielen, kam es zu einem Aufstand. 1795 annektierte Frankreich das Land. Napoleonische Willkür spaltete das Volk; die Belgier kämpften auf beiden Seiten, bis Napoléon 1815 in der Schlacht bei Waterloo vernichtend geschlagen wurde *(siehe S. 69)*.

Darstellung der Besiegelung des Vertrags von Verdun

⑦ 1830: Belgische Septemberrevolution

Der Wiener Kongress von 1814/15 hatte Belgien dem Königreich Niederlande unterstellt. 1830 kochte der Volkszorn über. Die Belgier erklärten ihre Unabhängigkeit und vertrieben die niederländische Armee aus Brüssel.

Szene der Septemberrevolution

⑧ 1914–1918: Erster Weltkrieg

Bei Ausbruch des Ersten Weltkriegs drangen deutsche Truppen ins neutrale Belgien ein. Die Belgier stoppten das Vorrücken, indem sie weite Gebiete fluteten. Die Front kam bei Ieper *(siehe S. 69)* zum Stehen. 500 000 Menschen starben hier.

⑨ 1940–1944: Zweiter Weltkrieg

In Wiederholung der Geschichte griff Deutschland im Mai 1940 das neutrale Belgien an, um die französische Maginotlinie zu umgehen und nach Frankreich einzurücken. Brüssel wurde im September 1944 von den Alliierten befreit.

⑩ 1957: Römische Verträge

Als Opfer zweier Weltkriege unterstützten die Belgier begeistert die Römischen Verträge von 1957, die den Grundstein zur Europäischen Union legten. Brüssel wurde »Hauptstadt Europas«.

Historische Persönlichkeiten

1 Balduin I. Eisenarm
Balduin (gest. 878), erster Graf von Flandern, errichtete in Brügge eine Festung.

2 Pieter de Coninck & Jan Breydel
De Coninck, ein Weber, und Breydel, ein Fleischer, führten im Jahr 1302 den flämischen Aufstand gegen die Franzosen an.

3 Philipp II. der Kühne
Der Herzog leitete in den Niederlanden die burgundische Epoche ein, als er 1384 die Herrschaft über Brüssel und Flandern erbte.

4 Philipp III. der Gute
Philipp der Gute war von 1419 bis 1467 Herzog von Burgund. Er stiftete den Orden vom Goldenen Vlies und war ein wichtiger Förderer der Künste.

5 Karl V.
Kaiser Karl V. (1500–1558), in Gent geboren, beherrschte das größte Reich Europas seit dem Römischen Imperium.

6 Isabella von Spanien & Albrecht VII.
Der glanzvolle Hof der Infantin Isabella (1566–1633) und des Erzherzogs Albrecht (1559–1621) steht für eine friedliche Zeit der spanisch-katholischen Habsburger-Ära.

7 Karl Alexander von Lothringen
Der Lothringer, 1744 bis 1780 Gouverneur der Österreichischen Niederlande, etablierte die Aufklärung in Brüssel.

8 Léopold I.
Der erste König Belgiens herrschte von 1831 bis 1865.

9 Léopold II.
Belgiens zweiter König regierte von 1865 bis 1909 *(siehe S. 84)*. Er war für seine Kolonialpolitik berüchtigt.

10 Paul-Henri Spaak
Der Politiker (1899–1972) war 1937/38 sozialistischer Premier und trieb später die europäische Integration voran.

König Léopold I.

TOP10 Berühmte Persönlichkeiten

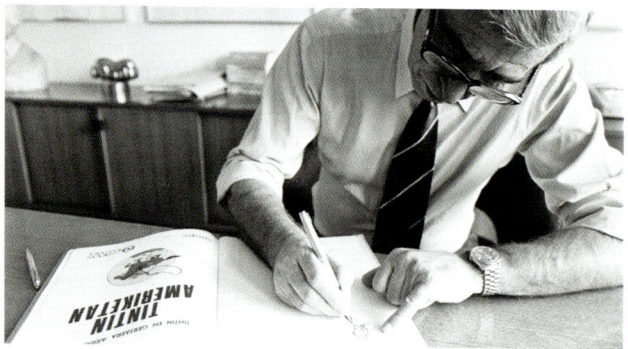

Hergé bei der Arbeit an einem seiner Comic-Alben

1 Gerard Mercator
Die meisten Landkarten in Schulatlanten beruhen noch heute auf der »Mercator-Projektion«: eine geniale Methode, die Erdrundung eindimensional darzustellen. Mercator (1512–1594; latinisiert aus de Kremer) schuf und betitelte den ersten Atlas.

2 Georges Simenon
Der französischsprachige Schriftsteller Georges Simenon (1903–1989) stammte aus Lüttich. Seine bekannteste Figur, Kommissar Maigret, tritt in 75 seiner insgesamt rund 400 Romane auf.

3 Hergé
Georges Remi (1907–1983) stammte aus dem Brüsseler Vorort Etterbeek. Als Zeichner war er Autodidakt. 1929 veröffentlichte er die Geschichte *Tintin au Pays des Soviets* – damit war der berühmteste Comic-Held Belgiens geboren. Seither wurden weltweit 200 Millionen *Tintin*-Bände (in rund 50 Sprachen) verkauft. Für sein Pseudonym drehte Georges Remi seine Initialen um und sprach sie französisch aus.

Gerard Mercator

4 Peyo
Pierre Culliford (1928–1992) wurde in Brüssel geboren und war unter seinem Pseudonym Peyo ein berühmter Comiczeichner. Seine erfolgreichste Kreation sind die Schlümpfe.

5 Jacques Brel
Fondation Brel: Karte C3
■ Place de la Vieille Halle aux Blés 11, Brüssel ■ +32 (0)2 511 1020 ■ tägl. 11–18.30 Uhr ■ Eintritt ■ www.fondationbrel.be
Jacques Brel (1929–1978) gilt als einer der größten französischsprachigen Chansonniers. Er erzielte seinen Durchbruch in Frankreich, blieb aber seinen belgischen Wurzeln verbunden. Die Jacques-Brel-Stiftung in Brüssel widmet sich seinem Leben und Werk.

6 Victor Horta
Der in Gent geborene Architekt Victor Horta (1861–1947) etablierte den Art nouveau in Belgien. Das von ihm entworfene Brüsseler Hôtel Tassel *(siehe S. 48)* gilt als erstes Art-nouveau-Gebäude Europas. Das Bauwerk mit den geschwungenen Fassadenlinien, der inno-

vativen Integration von Eisenträgern, den floralen Schmuckelementen und dem lichten Interieur markierte den Beginn der modernen Architektur. Hortas Wohnhaus zeigt den Stil in Vollendung *(siehe S. 22f)*.

 Jean-Claude van Damme

Van Damme (geb. 1960) war erst Karatekämpfer, dann Gelegenheitsarbeiter in Kalifornien. Schließlich wurde er mit Actionthrillern wie *Karate Tiger* (1986), *Cyborg* (1989) und *Universal Soldier* (1992) bekannt.

8 **Eddie Merckx**

Radfahren ist in Belgien eine äußerst beliebte Sportart. Eddie Merckx (geb. 1945), der fünfmal die Tour de France gewann (1969, 1970, 1971, 1972 und 1974), genießt im Land großes Ansehen.

Eddie Merckx während eines Rennens

9 **Justine Henin**

Justine Henin (geb. 1982) gehörte Anfang der 2000er Jahre zu den besten Tennisspielerinnen der Welt. Sie gewann sieben Grand-Slam-Titel. Ihre belgische Konkurrentin Kim Clijsters errang vier Grand-Slam-Siege.

10 **Eden Hazard**

Eden Hazard (geb. 1991) zählt wie Romelu Lukaku, Vincent Company und Courtois Thibaut zu den international sehr erfolgreichen Fußballspielern aus Belgien. Er stand beim OSC Lille, beim FC Chelsea und bei Real Madrid unter Vertrag.

Weitere Persönlichkeiten

Jacky Ickx

1 Andreas Vesalius
Vesalius (1514–1564), der »Vater der modernen Anatomie«, war Leibarzt von Karl V. und Philipp II. von Spanien.

2 Adolphe Sax
Adolphe Sax (1814–1894) erfand das Saxofon und weitere Musikinstrumente.

3 Marie Popelin
Popelin (1846–1913) erhielt als erste Frau die Zulassung als Rechtsanwältin in Belgien, jedoch wurde ihr das Praktizieren untersagt. Sie gründete die erste Frauenrechtsorganisation Belgiens.

4 Léo-Hendrik Baekeland
Der Chemiker Baekeland (1863–1944) erfand das Bakelit, den ersten synthetischen Kunststoff.

5 Henri van de Velde
Der Architekt und Designer (1863–1957) war Vertreter des Art nouveau. Er bereitete den Boden für die Bauhaus-Schule.

6 Suzan Daniel
Daniel (1918–2007) übte als erste Frau in Belgien den Beruf der Filmkritikerin aus und gründete die erste LGBTQ+ Bewegung des Landes.

7 Jacky Ickx
Ickx (geb. 1945) gehörte in den 1960er und 1970er Jahren zu den erfolgreichsten Fahrern der Formel 1.

8 Anne Teresa De Keersmaeker
Die Choreografin (geb. 1960) reformierte das Tanztheater.

9 Dries van Noten
Der Modeschöpfer (geb. 1958) trug maßgeblich dazu bei, Antwerpen als eine Stadt der Haute Couture zu etablieren.

10 Matthias Schoenaerts
Der Schauspieler (geb. 1977) wurde durch Filme wie *Am grünen Rand der Welt* (2015) international bekannt.

TOP10 Maler

Altar der sieben Sakramente (Detail), Rogier van der Weyden

den wie *Madonna des Kanonikus Georg van der Paele (siehe S. 31)* und den Tafeln des Genter Altar *(siehe S. 36f)* unverkennbar. Van Eycks Arbeitsweise beeinflusste italienische Künstler und trug zur Entstehung des Renaissance-Stils bei.

③ Hans Memling
Der in Deutschland geborene Hans Memling (um 1433–1494) wurde vermutlich von Rogier van der Weyden in Brüssel ausgebildet. Er lebte später in Brügge und war einer der erfolgreichsten Künstler seiner Zeit *(siehe S. 30f)*.

④ Pieter Brueghel d. Ä.
Im 16. Jahrhundert suchten viele flämische Maler Inspiration in Italien und gaben ihre charakteristische nordeuropäische Sichtweise auf. Brueghel (um 1525–1569) hingegen bildete seine Umgebung in individuellem Stil ab. Seine Darstellungen des Landlebens bezaubern durch ihre Unverstelltheit.

① Rogier van der Weyden
Van der Weyden (um 1400–1464) wird zu den wichtigsten Vertretern der »Flämischen Primitive« gezählt. Der im Koninklijk Museum voor Schone Kunsten in Antwerpen *(siehe S. 101)* ausgestellte Altar der sieben Sakramente zeigt die Emotionalität seiner Werke besonders deutlich. Van der Weyden wirkte vor allem in Brüssel. Er stieg nach dem Tod von Jan van Eyck zum bedeutendsten Maler des Landes auf.

② Jan van Eyck
Die brillante Technik und die Detailtreue Jan van Eycks (um 1390–1441) sind in Gemäl-

Statue Jan van Eycks

Rubens und Hélène Fourment im Garten (1631), Peter Paul Rubens

⑤ Peter Paul Rubens
Wie fast alle der großen flämischen Maler des 16. Jahrhunderts durchlief Peter Paul Rubens (1577–1640) eine Ausbildung in Italien. Er verband die kraftvolle flämische Technik mit italienischer Eleganz und schuf Werke voller Dynamik.

⑥ Jacob Jordaens
Jacob Jordaens (1593–1678) stieg nach dem Tod von Rubens zum

Die vier Kirchenväter, Jordaens

führenden Maler Antwerpens auf. Seine Lebensfreude ausstrahlenden allegorischen Gemälde sind charakteristisch für die Zeit des Barock.

⑦ Anton van Dyck

Anton van Dyck (1599–1641) war ein Freund und Mitarbeiter von Peter Paul Rubens. Er kam in vielem Rubens' Versiertheit gleich und widmete sich einer ähnlichen Vielfalt an Themen. Berühmt machten ihn jedoch seine Porträts. Van Dyck wurde Hofmaler von Charles I. Der englische König erhob ihn in den Adelsstand.

⑧ James Ensor

Seine Werke brachten James Ensor (1860–1949) den Ruf eines Exzentrikers ein. Sie zeigen häufig Skelette, maskierte Gestalten und grässliche Zerrbilder.

⑨ Paul Delvaux

Paul Delvaux (1897–1994) zählte zu den Vertretern des Surrealismus. Die von ihm geschaffenen tranceartigen, sinnlichen Szenen zeigen oft Nackte in kulissenhafter Architektur.

⑩ René Magritte

René Magritte (1898–1967) gilt neben Salvador Dalí als bedeutendster Vertreter des Surrealismus. Das Brüsseler Musée Magritte *(siehe S. 86)* präsentiert zahlreiche Gemälde, Fotografien und Zeichnungen des Künstlers.

Weitere Künstler

1 Clara Peeters
Die für Stillleben bekannte Künstlerin (1594–1659) gehörte zu den wenigen Frauen des 17. Jahrhunderts, die das Malen beruflich ausübten.

2 Constantin Meunier
Der Bildhauer und Maler (1831–1905) ist vor allem für seine Bronzeplastiken von Arbeitern bekannt *(siehe S. 85)*.

3 Émile Claus
»Luminismus« heißt die Technik des postimpressionistischen Malers (1849–1924) lichter ländlicher Szenen.

4 Jean Delville
Einer der einfallsreichsten Symbolisten (1867–1953) schuf grelle Visionen satanischer Mächte.

5 Léon Spilliaert
Seine oft schwarz-weißen Bilder von großer Originalität sind dem Symbolisten (1881–1946) leicht zuzuordnen.

6 Rik Wouters
Die Arbeiten des Malers und Bildhauers (1882–1916) sind voller Licht, Schwung und einem speziellen Charme.

7 Constant Permeke
Dunkle, raue Strukturen kennzeichnen die meist sozialkritischen Bilder des Malers (1886–1952) der Latemer Schule.

8 Panamarenko
Der Künstler (1940–2019) schuf in surrealistischer Tradition riesige Installationen in Form von Maschinen.

9 Prinzessin Delphine von Belgien
Delphine Boël (geb. 1968), außereheliche Tochter von Albert II., erlangte mit Collagen und Skulpturen Renommee.

10 Sergine André
Die durch ihr Heimatland Haiti inspirierten Werke Andrés (geb. 1969) werden dem abstrakten Expressionismus zugerechnet.

Bords de la Lys (1920), Émile Claus

🔟 Kirchen

Hauptschiff der Sint-Salvatorskathedraal, Brügge

① Cathédrale des Saints Michel et Gudule, Brüssel

Das imposante Bauwerk im Stil der Brabanter Gotik ist die Nationalkirche des Königreichs Belgien. Die Kathedrale ist Schauplatz von königlichen Hochzeiten *(siehe S. 74f)*.

② Église Saint-Jacques-sur-Coudenberg, Brüssel

Karte D4 ▪ Place Royale ▪ +32 (0)2 502 1825 ▪ Mi – Sa 13 – 17.45 Uhr, So 8.30 – 17.45 Uhr (Juli & Aug: bis 12 Uhr)

Die Kirche ist mit einer griechisch-römischen Kolonnade und einem Dreiecksgiebel versehen. Der Glockenturm kam nachträglich hinzu.

③ Église Notre-Dame du Sablon, Brüssel

Die von großen Buntglasfenstern erhellte Kirche aus dem 15. Jahrhundert ist ein schönes Beispiel der Brabanter Gotik *(siehe S. 73)*.

④ Église Saint-Jean-Baptiste-au-Béguinage, Brüssel

Die im Stil des flämischen Barock reich geschmückte Fassade steht in Kontrast zur einstigen Nutzung der Kirche durch eine dem Armutsideal verpflichtete Beginen-Gemeinschaft *(siehe S. 75)*.

⑤ Sint-Salvators-kathedraal, Brügge

Die größtenteils gotische Kathedrale von Brügge wirkt düster und erhaben. Die Ursprünge der Kirche liegen in frühchristlicher Zeit. Der Turm im pseudo-mittelalterlichen Stil wurde im späten 19. Jahrhundert erbaut *(siehe S. 94)*.

⑥ Onze-Lieve-Vrouwekerk, Brügge

Die eindrucksvollste Kirche Brügges besitzt einen schlanken, im strengen Stil der Schelde-Gotik gestalteten Turm. Das Interieur wurde seit dem 13. Jahrhundert mehrfach umgestaltet. Der größte Schatz der Kirche, Michelangelos *Madonna mit Kind*, wurde 1514 von einem reichen Kaufmann gestiftet *(siehe S. 92)*.

⑦ Sint-Jacobskerk, Antwerpen

Das reich geschmückte Interieur bezeugt, dass die Kirche in der Blütezeit Antwerpens im 17. Jahrhundert von den wohlhabenden Bewohnern der Stadt

Grabmal, Sint-Jacobskerk

besucht wurde. In einer der Grab-
kapellen liegen Rubens und seine
Familie bestattet *(siehe S. 103)*.

8 Sint-Baafskathedraal, Gent

Die Kathedrale von Gent beeindruckt
architektonisch mit dem emporstre-
benden gotischen Hauptschiff und
dem barocken Chor. Hauptattraktion
ist jedoch der von den Brüdern Jan
und Hubert van Eyck geschaffene
Genter Altar *(siehe S. 36f & S. 109)*.

9 Sint-Niklaaskerk, Gent

Nach umfangreichen Reno-
vierungsarbeiten erscheint das
Innere der Kirche wie-
der licht und freund-
lich. Die Maßnahmen
brachten auch das
Mauerwerk des be-
deutenden gotischen
Kirchengebäudes
wieder voll zur Gel-
tung *(siehe S. 109)*.

Onze-Lieve-Vrouwekathedraal

10 Onze-Lieve-Vrouwe-kathedraal, Antwerpen

Der Bau der Kathedrale war selbst
nach 170 Jahren nicht abgeschlossen – einer der beiden Türme blieb
unvollendet. Die gewaltigen Dimen-
sionen des Hauptschiffs sind Zeugnis der hohen Ambitionen der Er-
bauer. Die Kathedrale beherbergt
zwei wertvolle Triptychen von
Rubens *(siehe S. 32f)*.

Baustile

Portal im gotischen Stil

1 Romanik
Rundbogen und stämmige Säulen prägen die Architektur (10. – 12. Jh.).

2 Gotik
Spitzbogen erlauben lichte, emporstre-
bende Konstruktionen (13. – 16. Jh.).

3 Schelde-Gotik
Die formstrenge Variante der Gotik
(13./14. Jh.) ist im Norden Belgiens im
Gebiet um die Schelde verbreitet.

4 Brabanter Gotik & Flamboyantstil
Diese zierlichere Art der Gotik (14./
15. Jh.) fand oft bei Rathäusern Anwen-
dung, so z. B. beim Stadhuis in Brügge.

5 Renaissance
Der elegante Baustil ist beeinflusst von
den Vorbildern griechischer und römi-
scher Architektur (15.–17. Jh.).

6 Barock
Auf viele Betrachter wirkt der üppige,
prunkvoll überladene Stil (17./18. Jh.)
etwas schwülstig.

7 Klassizismus
In Abkehr vom Barock griff man bewusst
auf klassische Muster wie Tempelformen
zurück (18./19. Jh.).

8 Neugotik
Die Wiederaufnahme gotischer Stil-
elemente (19. Jh.) ist eine Art des
Historismus.

9 Art nouveau
Der Jugendstil (spätes 19. bis frühes
20. Jahrhundert) suchte mit organischen
Ornamenten einen neuen, nicht histo-
risierenden Ansatz, daher der Begriff
»neue Kunst«.

10 Art déco
Der Name des ornamentalen Stils bei
einfachen Formen (1920er/1930er Jahre)
leitet sich von der Kunstgewerbeausstel-
lung in Paris (1925) her.

TOP10 Art-nouveau-Gebäude in Brüssel

Raum im Musée Horta

① Musée Horta

Das Wohnhaus und Atelier Victor Hortas, des großen Meisters der Art-nouveau-Architektur, ist ein Paradebeispiel konsequenter Gestaltung *(siehe S. 22f)*.

② Hôtel Tassel
Rue Paul-Émile Janson 6, Ixelles

Das von Victor Horta erbaute Haus gilt als das erste Art-nouveau-Gebäude (1892/93). Zuvor hatten die wohlhabenden Belgier ihre Villen in den sich ausbreitenden Vororten der Städte nach gängigen Stilrichtungen gestalten lassen: maurisch, mittelalterlich, toskanisch etc. Horta setzte dem einen eigenen Stil entgegen. Das Hôtel Tassel war die Privatvilla eines Ingenieurs und wurde sorgfältig den persönlichen Wünschen und den Erfordernissen des Lebensstils des Eigentümers angepasst – was späteren Besitzern die Nutzung nicht gerade erleichterte.

③ Maison Saint-Cyr
Karte G2 ▪ Square Ambiorix 11

Der Art nouveau neigte zu Übertreibungen. Die allgegenwärtigen Schleifen und Rundungen sowie ein rundes Panoramafenster im obersten Stock dieses Gebäudes zeugen davon. Das Haus entstand 1900 für den Maler Saint-Cyr.

④ Hôtel Hannon
Karte G2 ▪ Avenue de la Jonction 1, Saint-Gilles

Der Architekt Jules Brunfaut entwarf das 1903/04 erbaute Privathaus für den Industriellen, Maler und Fotografen Édouard Hannon im Stil des Art nouveau. Die Buntglasfenster stammen von Raphaël Évaldre, einem Schüler von Louis Comfort Tiffany.

⑤ Centre Belge de la Bande Dessinée

Victor Horta entwarf 1903 das Kaufhaus Magasins Waucquez. In den 1970er Jahren wurde das Gebäude restauriert, seit 1989 beherbergt es das Comic-Museum *(siehe S. 26f)*.

⑥ Maison Cauchie
Rue des Francs 5, Etterbeek
▪ +32 (0)4 7364 2697 ▪ nur Führungen (variierende Zeiten) ▪ Eintritt ▪ www.cauchie.be

Die Fassade des ehemaligen Hauses des Malers Paul Cauchie (1875–1952) prägen geometrische Formen und Art-nouveau-Malereien.

Fassadendetail der Maison Cauchie

Musée des Instruments de Musique, Brüssel

Der Art nouveau wurde nach dem berühmten Londoner Kaufhaus auch »Liberty-Stil« genannt. Das Kaufhaus »Old England« in Brüssel spiegelt diesen Modetrend wider. Es beherbergt das MIM *(siehe S. 20f).*

 Le Falstaff

Karte B3 ▪ Rue Henri Maus 19 ▪ +32 (0)2 511 8789 ▪ www.lefalstaff.be

Die 1903 eröffnete Brasserie besitzt noch immer das Flair jener Zeit. Die Innenausstattung ist durch und durch Art nouveau – Möbel, Buntglasfenster, Spiegel und Leuchten.

Art-nouveau-Juwel Le Falstaff

 Hôtel Solvay

Avenue Louise 224, Ixelles

Der Industrielle Ernest Solvay beauftragte den noch recht unbekannten 33-jährigen Victor Horta mit dem Bau dieses Hauses. Die geschwungene Fassade mit ihren auffälligen schmiedeeisernen Elementen etablierte Horta als Meister der Art-nouveau-Architektur.

Hôtel Ciamberlani

Rue Defacqz 48, Ixelles

Der Künstler Albert Ciamberlani (1864–1956) schuf das riesige Wandgemälde im Säulengang der Cinquantenaire-Anlage *(siehe S. 51).* 1897 beauftragte er Paul Hankar (1859–1901), einen führenden Art-nouveau-Architekten seiner Zeit, mit dem Bau von Haus und Atelier. Die individuelle dekorative Wirkung der Fassade beruht auf der kunstvollen Kombination von Eisen, Stein und Ziegeln.

Architektur-Highlights

MAS, Antwerpen

1 Jeruzalemkerk, Brügge
Die byzantinisch beeinflusste Kirche (15. Jh.) ist inspiriert durch eine Pilgerfahrt ins Heilige Land *(siehe S. 95).*

2 Palais de Justice, Brüssel
J. Poelaert ließ bei dem riesigen Bau augenscheinlich kein klassizistisches Stilmittel aus *(siehe S. 76).*

3 Pavillon Chinois / Tour Japonaise, Brüssel
Karte G1
Die zwei fernöstlichen Gebäude wirken im Parc de Laeken etwas deplatziert.

4 Serres Royales de Laeken, Brüssel
Die Königlichen Gewächshäuser datieren aus den 1870er Jahren *(siehe S. 86).*

5 Havenhuis, Antwerpen
Das Hafengebäude wurde von 2009 bis 2016 nach Plänen der britisch-irakischen Architektin Zaha Hadid erbaut.

6 Centraal Station, Antwerpen
Louis Delacenseries Bahnhof ist ein klassizistisches Stilgemisch *(siehe S. 65).*

7 Palais Stoclet, Brüssel
Karte H2 ▪ Avenue de Tervuren 281, Woluwe Saint-Pierre
Die von Josef Hofmann gestaltete Villa mit Wandgemälden von Gustav Klimt erregte einst ungeheures Aufsehen.

8 MAS, Antwerpen
Das 2011 eröffnete Museum aan de Stroom (MAS) ist in einem 62 Meter hohen Turm untergebracht *(siehe S. 102).*

9 Atomium, Brüssel
Das gigantische Modell eines Eisenkristalls wurde für die Weltausstellung von 1958 errichtet *(siehe S. 82).*

10 Basilique Nationale du Sacré-Cœur, Brüssel
Die Kirche (20. Jh.) ist ein bemerkenswertes Art-déco-Bauwerk *(siehe S. 86).*

TOP 10 Museen

1 Musées royaux d'Art et d'Histoire, Brüssel

Belgiens Sammlung historischer Schätze ist in einem Palais untergebracht. Die Exponate reichen von mittelalterlichen Kirchenkleinodien über Teppiche, Art-nouveau-Skulpturen und -Schmuck bis hin zu antiken Kleidungsstücken und archäologischen Funden. Dies ist eines von drei Museen im Parc du Cinquantenaire *(siehe S. 84)*.

2 Musée des Instruments de Musique, Brüssel

»Le MIM« in einem klassischen Art-nouveau-Gebäude zählt zu den größten Sehenswürdigkeiten Brüssels. Der Reiz der Exponate wird dadurch gesteigert, dass man über Kopfhörer den Klang der Instrumente hören kann *(siehe S. 20f)*.

3 Volkskundemuseum, Brügge

Das Museum zeigt, in welch armseligen Verhältnissen die einfachen Leute im Brügge des 19. und frühen 20. Jahrhunderts oft lebten. Haushaltsgegenstände und Werkstätten führen den Wandel, der sich in den letzten anderthalb Jahrhunderten vollzogen hat, eindrucksvoll vor Augen *(siehe S. 95)*.

Küchenstube im Volkskundemuseum

Musée Charlier, Brüssel

4 Musée Charlier, Brüssel

Das Museum bietet die seltene Gelegenheit, eines der Brüsseler Herrenhäuser *(maison de maître)* zu besichtigen. Die Räume bergen neben antiken Möbeln zahlreiche Erinnerungsstücke an die Zeit, in der das Haus Treffpunkt der Avantgarde des 20. Jahrhunderts war *(siehe S. 74)*.

5 Museum aan de Stroom (MAS), Antwerpen

Das beeindruckende, 62 Meter hohe Gebäude aus Sandstein und Glas im alten Hafenviertel von Antwerpen beherbergt drei ethnologisch-volkskundliche Sammlungen. Die Aussicht vom Dach ist grandios *(siehe S. 102)*.

Exponat im Museum aan de Stroom, Antwerpen

6 Gruuthusemuseum, Brügge

Das historische Gebäude dient seit mehr als 100 Jahren als Museum. Die Exponate der stetig wachsenden Sammlung reichen von Wandteppichen über gotische Buntglasfenster bis zu Porzellan- und Silberwaren. Sie umfassen den Zeitraum von Brügges Blütezeit im Mittelalter bis zum 19. Jahrhundert *(siehe S. 93)*.

Cinquantenaire

Triumphbogen am Parc du Cinquantenaire

Die 1851 im Londoner Hyde Park veranstaltete Great Exhibition löste in Europa große Begeisterung für Weltausstellungen aus. Der belgische König Léopold II. beabsichtigte, den 50. Jahrestag (*cinquantenaire*) der Gründung Belgiens im Jahr 1880 mit einer internationalen Ausstellung zu feiern. Der Architekt Gédéon Bordiau wurde beauftragt, auf einem ehemaligen Militärübungsgelände am Stadtrand von Brüssel zwei durch eine halbkreisförmige Kolonnade verbundene Ausstellungshallen zu errichten. Da die Bauarbeiten erst nach dem Jubiläumsjahr abgeschlossen wurden, dienten die Gebäude für spätere Ausstellungen. Der Triumphbogen mit der Quadriga wurde 1905, zum 75. Jahrestag der Gründung Belgiens, fertiggestellt. Er dient am östlichen Rand des heute als Park genutzten Geländes als Eingang. Die mit einem Tonnengewölbe versehene nördliche Ausstellungshalle beherbergt nun das Musée Royal de l'Armée et d'Histoire Militaire. Das südliche Gegenstück wurde 1946 durch einen Brand zerstört; das Ersatzgebäude ist Teil der Musées royaux d'Art et d'Histoire. Im Parc du Cinquantenaire befinden sich auch die Autoworld, das Atelier de Moulage und der Pavillon Horta *(siehe S. 84)*.

⑦ Musée Horta, Brüssel
In dem Museum im ehemaligen Wohnhaus des Architekten Victor Horta können Besucher Art nouveau in schönster Ausprägung bewundern *(siehe S. 22f)*.

⑧ Design Museum Gent
Das Museum präsentiert verschiedenste Einrichtungsstilo – von der Opulenz des 17. Jahrhunderts bis zur Eklektik der Postmoderne. Die Sammlung mit belgischen und internationalen Meisterwerken des Designs wird nach Abschluss der Renovierung 2026 wieder zugänglich sein *(siehe S. 111)*.

⑨ Huis van Alijn, Gent
Das Volkskundemuseum, das in von der Familie Alijn im 14. Jahrhundert gestifteten Armenhäusern untergebracht ist, besitzt einen riesigen Fundus an Gebrauchsgegenständen, wie sie einfache Leute in Flandern besaßen *(siehe S. 110)*.

Museum Plantin-Moretus, Antwerpen

⑩ Museum Plantin-Moretus, Antwerpen
Die Druckerei war ein Jahrhundert nach Gutenbergs Erfindung des Buchdrucks im 16. Jahrhundert führend in Europa. Zwischen Druckerpresse, Setzkästen und Druckplatten erleben Besucher die spannende Atmosphäre, in der der Buchdruck die Verbreitung von Ideen und Wissen in Aussicht stellte *(siehe S. 102)*.

TOP10 Kunstsammlungen

Der Bauernadvokat (1621) von Pieter Brueghel d. J. im MSK, Gent

① Museum voor Schone Kunsten (MSK), Gent

Die Sammlung des »Museums für Schöne Künste« reicht von Alten Meistern bis zur Moderne. Sie beinhaltet einige exzellente Werke. Das Haus liegt in unmittelbarer Nähe zum Stedelijk Museum voor Actuele Kunst *(siehe S. 111)*.

② Musée d'Ixelles, Brüssel

Zu der kleinen Kunstsammlung gehören Werke von Rembrandt, Picasso, Toulouse-Lautrec und Spilliaert *(siehe S. 84)*.

③ Koninklijk Museum voor Schone Kunsten (KMSKA), Antwerpen

Die Kunstsammlung zählt zu den bedeutendsten Europas. Neben

Koninklijk Museum, Antwerpen

Meistern des Barock wie Rubens und van Dyck sind Künstler der Moderne wie James Ensor und Rik Wouters vertreten *(siehe S. 101)*.

④ Musées royaux des Beaux-Arts de Belgique, Brüssel

Das Musée Oldmasters der »Königlichen Museen der Schönen Künste« zeigt u. a. Werke von Pieter Brueghel d. Ä., Rubens und Jordaens. Das Musée Fin-de-Siècle birgt Kunst des 19. Jahrhunderts und des Art nouveau, das Musée Magritte die weltweit größte Sammlung von Werken des Surrealisten *(siehe S. 18f)*.

⑤ Musée Meunier, Brüssel

Das Museum im einstigen Wohnhaus von Constantin Meunier (1831–1905) stellt Werke des Malers und Bildhauers aus. Der sozialkritische Ansatz der Werke ist unverkennbar *(siehe S. 85)*.

⑥ Van Buuren Museum, Brüssel

Die private Kunstsammlung des Bankiers und Mäzenen van Buuren ist in dessen ehemaligem Wohnhaus zu sehen. Das Art-déco-Gebäude ist von wunderschönen Gärten umgeben *(siehe S. 83)*.

Groeningemuseum, Brügge

Das kleine Museum beherbergt eine bedeutende Sammlung mit Werken von flämischen Meistern des Spätmittelalters *(siehe S. 30f)*.

 Sint-Janshospitaal, Brügge

Die Gemälde Hans Memlings waren für die Kapelle des mittelalterlichen Hospitals zur Tröstung der Kranken bestellt worden. Nach der Restaurierung der Krankensäle und der Kapelle kann man die prachtvolle Sammlung wieder in der ursprünglichen Umgebung sehen *(siehe S. 30f)*.

 Stedelijk Museum voor Actuele Kunst (SMAK), Gent

Die Sammlung des Museums für zeitgenössische Kunst ist exzellent. Ein Schwerpunkt liegt auf Arbeiten von belgischen Künstlern wie Panamarenko. Die präsentierten Werke fordern Kunstfreunde und Skeptiker gleichermaßen heraus. Auch die Wechselausstellungen sind hervorragend *(siehe S. 111)*.

M HKA, Antwerpen

 **Museum van Hedendaagse Kunst (M HKA), Antwerpen**

Der Standort des Museums für zeitgenössische Kunst ist ideal: Es liegt im alten Hafenviertel Antwerpens, das in eindrucksvoller Weise modernisiert wurde *(siehe S. 104)*.

Werke abseits der Museen

Kopie von Rodins *Denker* in Laeken

1 Genter Altar (1432)
Das Altarbild schufen Jan und Hubert van Eyck *(siehe S. 36f)*.

2 Madonna mit Kind (1504/05)
Die Skulptur von Michelangelo in Brügge strahlt große Würde aus *(siehe S. 92)*.

3 Die Kreuzaufrichtung (1609/10)
Das Triptychon in der Antwerpener Kathedrale ist ein Werk Rubens' *(siehe S. 32)*.

4 Die Kreuzabnahme (1611–14)
Das Triptychon von Rubens in der Antwerpener Kathedrale kontrastiert Tod und Geburt Christi *(siehe S. 32)*.

5 Barockkanzel (1699)
Die Brüsseler Kathedrale birgt eine prachtvolle Kanzel von Hendrik Verbruggen *(siehe S. 74f)*.

6 Die Geschichte Brügges (1895)
Zwölf prächtige neugotische Wandgemälde von Albert und Julien De Vriendt zieren Brügges Stadhuis *(siehe S. 28f)*.

7 Fontein der Geknielden (1898)
Emile Braunplein (vor Belfort), Gent
Der Brunnen mit Figuren kniender Knaben ist ein Werk des Genter Künstlers George Minne (1866–1941).

8 Der Denker (um 1905)
Karte F1 • Parvis Notre-Dame, Laeken
• tägl. 8.30–16.30 Uhr
Eine Kopie von Rodins Statue schmückt ein Grab im Brüsseler Stadtteil Laeken.

9 Nos Vieux Trams Bruxellois (1978)
Métro: Bourse, Brüssel
Das Gemälde von Paul Delvaux gehört zu den Kunstwerken, die Brüssels Métro-Bahnhöfe verschönern.

10 Hergé-Wandgemälde (1983)
Karte H2 • Métro: Stockel, Brüssel
Die Wände der Brüsseler Métro-Station Stockel zieren Comic-Zeichnungen von Hergé.

⚙10 Unbekanntes Brüssel & Flandern

Église St-Jean-Baptiste au Béguinage, Brüssel

① Église St-Jean-Baptiste au Béguinage, Brüssel

Die Barockkirche war einst das Zentrum eines großen *béguinage (siehe Kasten S. 92)*. Für heutige Besucher ist sie ein Ort der Stille mitten in der Stadt *(siehe S. 75)*.

② Parcours BD, Brüssel
www.parcoursbd.brussels

In Brüssel, der selbst ernannten »Hauptstadt der Comics«, zeigen etwa 50 Wandgemälde Szenen mit beliebten Figuren. In der Rue de l'Etuve 37 beispielsweise sind Tim, Struppi und Kapitän Haddock zu sehen, in der Rue de la Buanderie 40 Lucky Luke, Rantanplan, die Daltons und Jolly Jumper. In der Rue de l'Ecuyer 11 trifft man auf Gaston. Das Haus Nr. 33 in der Rue de l'Ecuyer ziert ein riesiges Wandgemälde mit Asterix und Obelix.

③ Maison Autrique, Brüssel

Das prächtige Wohnhaus im nördlichen Vorort Schaerbeek wurde 1893 von Victor Horta entworfen. Es war das erste bedeutende Bauwerk des Architekten, der bald darauf den Art nouveau vollends zur Entfaltung brachte. Da das restaurierte Haus mit Originalmöbeln ausgestattet ist, erhalten Besucher einen exzellenten Eindruck vom Einrichtungsstil des späten 19. Jahrhunderts *(siehe S. 86)*.

④ Van Buuren Museum, Brüssel

David und Alice van Buuren trugen in ihrem Wohnhaus eine erlesene Sammlung von Kunst aus Belgien und anderen Ländern Europas zusammen. Die Werke stammen aus mehreren Jahrhunderten. Das Anwesen zeigt den Art-dèco-Stil der 1920er Jahre *(siehe S. 83)*.

⑤ Patershol, Gent
Karte Q1

Hinter dem Volkskundemuseum Het Huis van Alijn *(siehe S. 110)* verläuft ein Gewirr von Kopfsteinpflasterstraßen. Hier lag das Zentrum des mittelalterlichen Gent, in dem Sattler und Gerber neben Mönchen des Karmeliterordens lebten. Im 17. und 18. Jahrhundert zogen viele Richter, die in der nahen Burg Gravensteen arbeiteten, in diesen Stadtteil. Während der Industrialisierung verkam das Viertel zum Slum. In den 1980er Jahren wurde Patershol mit staatlichen Mitteln aufgewertet. Trotz fortschreitender Gentrifizierung hat der Stadtteil seinen ursprünglichen Charme weitgehend bewahrt.

Patershol, Gent

⑥ Östliches Brügge

Die meisten Besucher von Brügge zieht es ins Zentrum und den Südwesten der Stadt. Der ruhige Osten lockt mit schönen Kirchen und Museen *(siehe S. 95)*.

Galerie Bortier, Brüssel

(7) Galerie Bortier, Brüssel

In der charmanten Einkaufspassage von 1847 mit ihren vielen Antiquariaten unter der herrlichen Glaskuppel scheint die Zeit stillzustehen *(siehe S. 77)*.

(8) Maison d'Érasme und Béguinage d'Anderlecht, Brüssel

Die beiden hinreißenden Museen im westlichen Vorort Anderlecht liegen nah genug beieinander, um im Rahmen eines einzigen Ausflugs besichtigt werden zu können *(siehe S. 86)*.

(9) Muur der Doodgeschotenen, Brügge

Karte M3

In der früheren Kaserne Kazernevest im Osten von Brügge erinnern eine Ziegelmauer und mehrere Denkmäler an den Ort, wo während des Ersten Weltkriegs zahlreiche Männer von deutschen Soldaten exekutiert wurden. Der Tod des britischen Kapitäns Charles Fryatt fand damals internationale Beachtung.

(10) Begijnhof, Antwerpen

Karte U1 ■ Rodestraat 39
■ tägl. 8–18 Uhr

Der noch heute bewohnte *béguinage* (*begijnhof* auf Flämisch) von Antwerpen wurde 1545 erbaut und ist eine Oase der Ruhe in der Stadt.

Parks & öffentliche Plätze

1 Parc de Bruxelles / Warande
Karte D3
Die Parkanlage (18. Jh.) formalen Stils erstreckt sich vor dem Palais Royal.

2 Place du Petit Sablon, Brüssel
In dem kleinen Park stellen Statuen die Brüsseler Zünfte dar *(siehe S. 73)*.

3 Parc d'Egmont, Brüssel
Karte C5
Die grüne Oase liegt in der Nähe der Shoppingmeile Avenue Louise.

4 Étangs d'Ixelles, Brüssel
Karte G2
Die Grünanlage mit zwei großen Teichen lädt nach dem Besuch des Musée Horta und des Art-nouveau-Viertels zum Flanieren oder zum Picknick ein.

5 Forêt de Soignes, Brüssel
Der große Buchenwald südlich der Stadt bietet Erholung *(siehe S. 68)*.

6 Minnewater, Brügge
Der »See der Liebe« im Süden Brügges liegt in einem schönen Park *(siehe S. 94)*.

7 Koningin Astridpark, Brügge
Karte L4
Der ehemalige Klostergarten ist nun ein öffentlicher Park mit Kinderspielplatz. 2008 diente er als einer der Drehorte für den Film *Brügge sehen … und sterben?*.

8 Citadelpark, Gent
Karte P6
In dem Park am östlichen Stadtrand befinden sich die bedeutendsten Kunstmuseen Gents.

9 Stadspark, Antwerpen
Karte U3
Der Park liegt südöstlich des Zentrums von Antwerpen.

10 Middelheimmuseum, Antwerpen
Im Skulpturengarten stehen Werke berühmter Künstler *(siehe S. 104)*.

Herbstliches Minnewater, Brügge

🔟 Kinder

Mini-Europe im Bruparck nahe dem Atomium

① Bruparck, Brüssel
Karte F1 ▪ Blvd du Centenaire
20 ▪ www.bruparck.com; Mini-Europe:
+32 (0)2 474 13 13 ▪ variierende
Öffnungszeiten ▪ Eintritt ▪ www.
minieurope.com
Auf dem Areal nahe dem Atomium
(siehe S. 82) locken Attraktionen wie
ein Kino und der Park Mini-Europe.

② Zoo Antwerpen
Karte V2 ▪ Koningin Astridplein 20–26 ▪ +32 (0)3 224 8910
▪ variierende Öffnungszeiten
▪ Eintritt ▪ www.zooantwerpen.be
Der Zoo (1843) zählt zu den ältesten
der Welt. Die Pinguinfütterungen,
das Nilpferdbecken, das Elefanten-
bad und die Möglichkeit, Reptilien
zu berühren, begeistern Kinder
besonders. Der Zoo ist auch
Forschungsstätte und
widmet sich dem
Artenschutz.

**③ Centre
Belge de
la Bande Des-
sinée, Brüssel**
Ältere Kinder
fasziniert das Comic-
Museum, für kleinere ist
es nur geeignet, wenn
sie Französisch oder
Niederländisch verste-
hen *(siehe S. 26f)*.

Struppi-Exponat im
Comic-Museum

**④ Fahrt mit einer
historischen Trambahn,
Brüssel**
Von April bis September verkehrt
sonntagvormittags eine altmodische
Straßenbahn vom Musée du Tram
auf einer 40 Kilometer langen Rund-
strecke. Die Fahrt macht Kindern
jeden Alters Spaß *(siehe S. 86)*.

⑤ Illusion Bruxelles
In dem interaktiven Museum
erleben Besucher vielfältige op-
tische Täuschungen *(siehe S. 76)*.

**⑥ GardeRobe
MannekenPis, Brüssel**
Karte B3 ▪ Rue du Chêne 19 ▪ +32 (0)2
514 5397 ▪ Di – So 10 –17.30 Uhr ▪ Eintritt ▪ www.mannekenpis.brussels
Seit dem 17. Jahrhundert ist
es Tradition, Kostüme
für das Manneken Pis
(siehe S. 16) anzufer-
tigen. Der Bestand des
Museums umfasst etwa
150 »Kleidungsstücke«
der kleinen Brunnenfigur.

⑦ Belfort, Brügge
Das Erklimmen der
steilen Wendeltreppe, die
grandiose Aussicht von der
Spitze und das Überra-
schungsmoment, wenn
das Glockenspiel über

den Köpfen der Besucher überaus laut ertönt, machen die Besichtigung des mittelalterlichen Turms auch für Kinder spannend *(siehe S. 91)*.

⑧ Walibi Belgium
Boulevard de l'Europe 100, Wavre
■ Walibi Belgium: +32 (0)10 421 500; Aqualibi +32 (0) 10 421 603 ■ variierende Öffnungszeiten ■ Eintritt
■ www.walibi.be

Der Vergnügungspark lockt mit rasanten Fahrgeschäften wie Achterbahnen und Wildwasserfahrten. Für kleine Kinder gibt es Karussels und einen Autoparcours. Das im Park gelegene Schwimmbad Aqualibi bietet mehrere Becken und Wasserrutschen.

Kanaltour durch Brügge

⑨ Kanaltouren, Brügge und Gent
Wenn man mit einem Boot die Kanäle befährt, erscheinen die Wahrzeichen von Brügge und Gent in neuem Licht. Touren beginnen an verschiedenen Orten im Zentrum von Brügge sowie an Graslei und Korenlei in Gent *(siehe S. 109)*.

⑩ Boudewijn Seapark, Brügge
Alfons De Baeckestraat 12, Sint-Michiels ■ +32 (0)50 383 838
■ variierende Öffnungszeiten
■ Eintritt ■ www.boudewijnseapark.be
Die Fahrgeschäfte in dem Vergnügungspark sprechen Kinder aller Altersstufen an. Auf dem Gelände gibt es auch einen Wasserpark und ein Delfinarium.

Weitere Attraktionen für Kinder

1 Pixel Museum, Brüssel
Altbekannte und brandneue Computerspiele sorgen für Spaß *(siehe S. 84)*.

2 MIM, Brüssel
Bei den Rundgängen hört man über Kopfhörer den Klang der ausgestellten Musikinstrumente *(siehe S. 20f)*.

3 Institut royal des Sciences naturelles de Belgique, Brüssel
Nicht nur die Dinosaurierausstellung des Museums des wissenschaftlichen Instituts ist für Kinder spannend *(siehe S. 86)*.

4 Musée des Enfants, Brüssel
Rue du Bourgmestre 15, Ixelles
■ +32 (0)2 640 0107 ■ Eintritt
■ www.museedesenfants.be
Das Museum spricht Vier- bis Zwölfjährige an. Die Besucherzahl ist begrenzt.

5 Choco-Story, Brüssel
Karte B3 ■ Rue de l'Etuve 41
■ +32 (0)2 514 2048 ■ Eintritt
■ www.choco-story-brussels.be
Die Köstlichkeiten in der Schokoladenmanufaktur darf man probieren.

6 Théâtre royale du Péruchet, Brüssel
Karte G2 ■ Avenue de la Forêt 50, Ixelles ■ +32 (0)2 673 8730 ■ Eintritt
■ www.theatreperuchet.be
Das Marionettentheater bietet Vorstellungen für Kinder ab drei Jahren.

7 Waterloo, Brüssel
An dem Schlachtfeld gibt es Museen und ein Besucherzentrum *(siehe S. 69)*.

8 Historium, Brügge
Die Multimedia-Show entführt in das mittelalterliche Brügge *(siehe S. 94)*.

9 Huis van Alijn, Gent
Das Volkskundemuseum bezaubert *(siehe S. 110)*.

10 Gravensteen, Gent
In der mittelalterlichen Burg kann man auch ein Verlies erkunden *(siehe S. 111)*.

Gravensteen, Gent

TOP 10 Theater, Tanz & Musik

Théâtre Royal de la Monnaie, Brüssel

① Théâtre Royal de la Monnaie, Brüssel

Karte C2 ▪ Place de la Monnaie ▪ +32 (0)2 229 1211 ▪ www.lamonnaie.be

In dem Haus begann 1830 bei einer Aufführung der Oper *La Muette de Portici* von Daniel-François-Esprit Auber, die von einer Revolte handelt, die Belgische Revolution: Angestachelt durch das Libretto erhob sich das Publikum und rief: »Zu den Waffen!« Das Interieur des 1819 im klassizistischen Stil umgebauten Opernhauses wurde 1855 nach einem Brand umgestaltet.

② Palais des Beaux-Arts, Brüssel (BOZAR)

Karte D4 ▪ Rue Ravenstein 23 ▪ +32 (0)2 507 8200 ▪ www.bozar.be

In dem 1928 vollendeten, von Victor Horta entworfenen Gebäude werden Theater, Musik, Tanz und Ausstellungen präsentiert.

③ Ancienne Belgique, Brüssel

Karte B3 ▪ Boulevard Anspach 110 ▪ +32 (0)2 548 2484 ▪ www.abconcerts.be

In dem Komplex finden Pop- und Rockkonzerte von internationalen Stars statt. Die größte der drei Hallen bietet rund 2000 Besuchern Platz.

④ Les Halles de Schaerbeek, Brüssel

Karte G2 ▪ Rue Royale Sainte-Marie 22a, Schaerbeek ▪ +32 (0)2 218 2107 ▪ www.halles.be

Die im späten 19. Jahrhundert errichtete Markthalle – ein prachtvolles Bauwerk mit Schmiedeeisen und Glas – dient heute als Kulturzentrum für verschiedenste Darbietungen, u. a. in den Bereichen Tanz, Theater und Musik.

⑤ Concertgebouw, Brügge

Karte J5 ▪ 't Zand 34 ▪ +32 (0)70 221 212 ▪ www.concertgebouw.be

Das hochmoderne Gebäude wurde im Jahr 2002 fertiggestellt, als Brügge Kulturhauptstadt Europas war. Das Konzerthaus entwickelte sich rasch zu einer der bedeutendsten Bühnen für klassische Musik, Ballett und Jazz in Belgien.

Théâtre Royal de Toone

⑥ Théâtre Royal de Toone, Brüssel

Karte C3 ▪ Rue du Marché aux Herbes 66 (Impasse Sainte Pétronille) ▪ +32 (0)2 511 7137 ▪ www.toone.be

Das in einem kleinen Gebäude am Ende einer mittelalterlichen Gasse ansässige Marionettentheater ist eine Brüsseler Institution. Die Aufführungen mit Puppen aus Holz und Pappmaché richten sich nicht an Kinder: Meist werden klassische Werke der Literatur im Brüsseler Dialekt auf die Bühne gebracht. Das Museum des Theaters zeigt Marionetten, die nicht mehr bei Aufführungen zum Einsatz kommen.

Vlaamse Opera, Gent

Karte Q3 ▪ Schouwburgstraat 3
▪ +32 (0)70 22 0202 ▪ www.opera
ballet.be

Die Flämische Oper ist in Gent und
Antwerpen beheimatet. Das Opern-
haus in Gent gehört zu den eindrucksvollsten Bühnen Europas.

Vlaamse Opera, Antwerpen

Karte U2 ▪ Frankrijklei 3 ▪ +32 (0)70
22 0202 ▪ www.operaballet.be

Der Konzertsaal des zweiten Sitzes
der Flämischen Oper ist reich mit
Marmor und Gold verziert. Das 1709
errichtete Haus wurde 1834, nach
der Belgischen Revolution, eröffnet.

Le Botanique, Brüssel

Le Botanique, Brüssel

Karte D1 ▪ Rue Royale 236,
Saint-Josse-ten-Noode ▪ +32 (0)2 218
3732 ▪ www.botanique.be

Die Gewächshäuser im Botanischen
Garten in Brüssel wurden 1826 bis
1829 erbaut. Durch Umgestaltung
der Innenräume entstand ein bedeutendes Kulturzentrum, das u. a. The-
ater- und Ballettaufführungen sowie
Konzerte präsentiert.

deSingel, Antwerpen

Desguinlei 25 ▪ +32 (0)3 248
2828 ▪ www.desingel.be

In dem Kulturzentrum finden Kon-
zerte, Theater-, Opern-, Ballett- und
Tanzaufführungen sowie Kunst- und
Architekturausstellungen statt.

Schriftsteller, Dichter & Musiker

Django Reinhardt und Band

1 Roland de Lassus
Der bedeutende Komponist franko-
flämischer Musik ist auch als Orlando
di Lasso (um 1532–1594) bekannt.

2 César Franck
Der Organist (1822–1890) komponierte
in romantischer Tradition.

3 Émile Verhaeren
Der Dichter (1855–1916) ist für symbolistische Porträts von Flandern bekannt.

4 Maurice Maeterlinck
Der symbolistische Dichter und Drama-
ker (1862–1949) wurde mit dem Nobel-
preis geehrt.

5 Michel de Ghelderode
Belgiens erfolgreichster Dramatiker
(1898–1962) des 20. Jahrhunderts gilt
als einer der eigenwilligsten französischsprachigen Autoren.

6 Georges Simenon
Maigrets Schöpfer (1903–1989) war
ein ungemein produktiver Meister des
Krimis *(siehe S. 42)*.

7 Django Reinhardt
Der weltbekannte Jazzgitarrist
(1910–1953) gehörte zum berühmten
Quintett des Hot Club de France.

8 Arthur Grumiaux
Der Violinist (1921–1986) zählte zu den
Virtuosen des 20. Jahrhunderts.

9 Liliane Wouters
Die Schriftstellerin (1930–2016) verfasste Dramen und Gedichte auf Französisch
und Niederländisch.

10 Amélie Nothomb
Die erfolgreiche Romanautorin
(geb. 1966) widmet sich gern der dunk-
leren Seite der menschlichen Natur.

🔟 Belgische Biersorten

① ### Witbier / Bière Blanche
Die meisten Biere werden aus Gerste gebraut, doch bekanntlich kann man mit Weizen »Weißbier« herstellen. In Belgien gibt es Geschmackszusätze wie Koriander oder Orangenschalen. Das leichte, prickelnde und erfrischende Bier ist oft naturtrüb mit Bodensatz, z. B. Hoegaarden und Brugs.

② ### *Kriek*
Lambic (siehe rechts) kann während der Gärung mit Kirschen (früher mit jenen aus den Obstgärten von Schaerbeek im Norden Brüssels) aromatisiert werden. Dadurch entsteht ein Getränk, das *kriek* genannt wird. Mit Himbeeren versetzt, wird es als *framboise* bezeichnet; ist Kandiszucker zugesetzt, heißt es *faro*. Wer diese Biere noch nicht kennt, sollte mit *faro* beginnen, um sich dem ungewöhnlichen Aroma anzunähern.

③ ### Starkbier
Einige Brauereien werben mit der Stärke ihrer Produkte. Duvel (»Teufel«) mit 8,5 Prozent Alkohol ist ein Beispiel. Belgiens stärkstes Bier (12 Prozent) von der Brauerei Bush ist mit Vorsicht zu genießen.

④ ### Trappistenbier
In der Vergangenheit wurden einige der besten belgischen Biere von den Trappisten, einem Schweigeorden der Zisterziensermönche, gebraut. Jetzt stellen fünf Brauereien diese Biere in enger Verbindung mit Klöstern her: Chimay, Westmalle, Orval, Rochefort und Westvleteren. Bei der Flaschenabfüllung wird für eine zweite Gärung Bierhefe zugesetzt. Schütteln Sie also beim Öffnen den Bodensatz nicht auf!

Kriek

⑤ ### Klosterbiere
Auch andere Klöster haben Bier gebraut, doch anders als die Trappisten vergaben sie Lizenzen an Großbrauereien. Beispielsweise gehört Leffe jetzt zu AB InBev. Trotzdem sind viele Klosterbiere ausgezeichnet und haben ihren eigenen Charakter bewahrt, so etwa Ename, Floreffe und St. Feuillien.

⑥ ### *Dubbel & Tripel*
Traditionell kennzeichneten die Brauereien ihre Biere nach der Stärke: Normales Bier hatte ca. drei Prozent Alkohol, »doppeltes« sechs und »dreifaches« neun. Ein paar Klosterbrauereien schreiben noch *dubbel/ double* oder *tripel/triple* auf ihre Etiketten. *Dubbel* ist meist dunkel und süßlich, *Tripel* in der Regel goldblond.

⑦ ### Lagerbier
Lager oder *pils* ist ein untergäriges Bier. Die Hefe bleibt hier am Boden. Stärkere Biere sind dagegen

Das Kloster Orval, berühmt für sein von Mönchen gebrautes Trappistenbier

obergärig, wodurch mehr Aroma bewahrt wird. Obwohl ausländische Bierkenner über leichte Biere eher die Nase rümpfen, werden sie in Belgien mit hohem Qualitätsanspruch gebraut. Das allgegenwärtige Stella Artois von AB InBev wird in Leuven produziert und ist ein sehr gutes Lagerbier.

Lambic reift in alten Holzfässern

⑧ Lambic

Im Tal der Senne nahe Brüssel wird natürliche Brettanomyces-Hefe zur Gärung genutzt. Jahrhundertelang ließen die Brauer ihre warme Weizenbierwürze während des Winters draußen offen stehen, damit sich Hefepilze ansiedeln konnten. In Holzfässern reift das Gebräu bis zu fünf Jahre heran. So entsteht ein spezielles Bier mit leichtem Weingeschmack, *lambic* genannt – das Brüsseler Bier schlechthin.

⑨ Gueuze

Lambic verschiedener Jahrgänge kann verschnitten und ein zweites Mal in der Flasche vergoren werden. Dieses Bier heißt dann *gueuze*. Es ist spritzig wie Champagner und wird ein bis zwei Jahre gelagert, damit der Weincharakter heranreift.

⑩ Weihnachtsbiere

Viele Brauereien bieten auch Festbiere an. Oft sind es nur ihre üblichen Sorten mit besonders hübsch gestalteten Etiketten, doch es gibt auch extrastarke Biere (ähnlich dem bayerischen Weihnachtsbock).

Klassische belgische Gerichte

1 Carbonnades flamandes / vlaamse stoverij
Der mit belgischem Bier gekochte Rindfleischeintopf – nahrhaft, saftig und süßlich – schmeckt am besten mit *frites*, Senf und Mayonnaise.

2 Jets d'houblon
Die Hopfensprossen, ein Nebenerzeugnis der Brauereien im Frühjahr, schmecken spargelähnlich und werden in Sahnesauce serviert.

3 Waterzooi
Das sahnige Hühner- oder Fischgericht in Brühe ist typisch für Gent.

4 Chicons au gratin
Chicorée wird in Schinken gewickelt und mit Käse-Sahne-Sauce überbacken.

5 Anguilles au vert / paling in 't groen
Eine Sauce aus frischen Kräutern ergänzt gekochten Aal.

6 Garnaalkroketten
Frittierte Kartoffelkroketten, gefüllt mit frischen Krabben, sind eine köstliche Vorspeise oder auch ein Snack.

7 Salade Liégeoise
Lütticher Kartoffelsalat mit grünen Bohnen und Speckwürfeln genießt man warm.

8 Stoemp
Kartoffelpüree mit Gemüse (etwa Karotten oder Sellerie) oder mit Hackfleisch ist ein Klassiker.

9 Flamiche aux poireaux
Die herzhafte Lauchtorte erinnert an eine Quiche.

10 Moules marinières
Miesmuscheln werden in Weißweinsud mit Zwiebeln, Sellerie und Petersilie gedünstet, bis sie sich öffnen. Dazu gibt es *frites*.

Moules marinières

🔟 Shopping

Antiquitätenmarkt auf der Place du Jeu de Balle in Brüssel

1 Antiquitäten & Trödel

In Belgien bieten zahlreiche Läden und Märkte Antiquitäten und Trödel an – von alten Comic-Alben über Art-nouveau-Türklinken bis zu Louis-seize-Kommoden und feuervergoldeten Uhren. In Brüssel ist zwischen der Place du Jeu de Balle und der Place du Grand Sablon alles Mögliche zu finden *(siehe S. 77)*.

2 Schokolade

Belgische Schokolade ist weltberühmt. Die Hersteller verwenden hochwertige Kakaobohnen und geben reichlich Kakaobutter hinzu. Sie entwickelten auch das Verfahren zur industriellen Fertigung gefüllter Schokoladen und Pralinen. Die vorzüglichen Schokoladenerzeugnisse sind allemal ihr Geld wert.

3 Bier

Um 1900 gab es in Belgien über 3200 Brauereien – heute sind es rund 150. Diese erzeugen jedoch eine erstaunliche Vielfalt an Sorten *(siehe S. 60f)*. Die berühmtesten werden in den Trappistenklöstern hergestellt, doch auch die hellen Biere wie Stella Artois und Jupiler haben eine hohe Qualität. In jeder der großen belgischen Städte gibt es Läden mit einem breiten Sortiment an Sorten und Marken.

4 Kekse & Feingebäck

Die Auslagen in den Schaufenstern belgischer Patisserien sind höchst verführerisch. In der Regel schmeckt das Gebäck so gut, wie es aussieht. Das gilt auch für die in der Maison Dandoy angebotenen Backwaren *(siehe S. 17)*.

5 Gobelins

Die Herstellung von Wandteppichen war im Mittelalter ein bedeutendes Gewerbe in Brüssel und Brügge. Handwerkliche Fertigung gibt es auch heute noch – große Stücke haben Luxuspreise.

6 Spitzen

Im 19. Jahrhundert gab es in Belgien Tausende von Spitzenklöpplerinnen; viele lebten in Armut. Ihr Gewerbe starb durch die Erfindung der Klöppelmaschinen nahezu aus.

Belgische Spitzen

Heute findet man handgearbeitete belgische Spitzen in Fachgeschäften. Achten Sie auf das Echtheitszertifikat und rechnen Sie mit einem hohen Preis.

⑦ Haute Couture

Dank Designern wie Ann Demeulemeester, Dries Van Noten, Raf Simons und Walter Van Beirendonck ist Belgien seit den 1980er Jahren ein Zentrum der Modewelt. Viele der Modeschöpfer betreiben in Antwerpen Boutiquen *(siehe S. 105)*. In Brüssel befinden sich vor allem an der Rue Antoine Dansaert viele exklusive Läden *(siehe S. 77)*.

⑧ Kinderkleidung

In Belgien bieten zahlreiche Läden wunderschöne Kleidung für Kinder an – von strapazierfähigen Baumwollhosen über schön gearbeiteten Winterjacken und Mützen bis hin zu lustigen Schuhen.

⑨ Tintin-Artikel

Fans von Tintin (Tim & Struppi) können in Belgien nicht nur die Comics kaufen, es gibt auch T-Shirts, Spiele, Postkarten, Handyschalen, Schreibwaren und Tassen mit Tintin-Motiven. Da die Figuren urheberrechtlich geschützt sind, sind die Artikel nicht unbedingt preiswert. Ein Laden in der Rue de la Colline in Brüssel widmet sich ausschließlich Tintin.

Tintin-Figur

⑩ Diamanten

HRD: www.hrdantwerp.com
Drei Viertel der ungeschliffenen Rohdiamanten der Erde wandern durch die Diamantenbörse von Antwerpen; viele werden hier auch geschliffen, poliert und gefasst. Mitunter können Sie günstig einkaufen – bei Zweifeln an der Echtheit wenden Sie sich an den Hoge Raad voor Diamant (HRD).

Chocolatiers & Patisserien

Schoko-Erdbeeren von Godiva

1 Godiva
www.godivachocolates.eu
Der Hersteller von Edelschokolade hat Filialen in aller Welt.

2 Marijn Coertjens
www.marijncoertjens.be
Feingebäck, Kuchen, Lebkuchen – der Patissier bietet in seinem Laden unwiderstehliche Köstlichkeiten an.

3 Neuhaus
www.neuhauschocolates.com
Der Chocolatier gilt als Erfinder der Praline und der Pralinenschachtel *(ballotin)*.

4 Dumon
www.chocolatierdumon.be
Die handgefertigten Pralinen des nahe Brügge in Torhout ansässigen Chocolatier sind hervorragend.

5 Wittamer
www.wittamer.com
Die Schokoladen, Torten und Macarons sind himmlisch *(siehe S. 78)*.

6 Pierre Marcolini
https://eu.marcolini.com
Für die Schokoladen werden keine künstlichen Zusatzstoffe verwendet.

7 Mary
www.mary.be
Die Schokoladen sind exzellent.

8 Galler
Galler bietet Massenware von hoher Qualität. Die Packungen mit *Langues de Chat* (Katzenzungen) sind originell.

9 Maison Dandoy
Die exzellente Bäckerei lockt mit köstlichen Keksen und Waffeln *(siehe S. 78)*.

10 Jules Destrooper
www.jules-destrooper.be
Die blau-weißen Schachteln des seit 1886 existierenden Herstellers enthalten u. a. Waffeln und Mandelplätzchen.

TOP10 Kostenlose Attraktionen

1 Grand Place, Brüssel

Den zentralen Platz der Stadt säumen prächtige Barockgebäude. Viele der Attraktionen an der Grand Place sind kostenpflichtig, die größte Sehenswürdigkeit kann man jedoch gratis bewundern: den überaus malerischen Platz an sich *(siehe S. 14f)*.

2 Manneken Pis, Brüssel

Der Brunnen mit der Figur eines urinierenden Knaben *(siehe S. 16)* befindet sich nahe der Grand Place. Der Blick auf das Manneken Pis ist gratis. Die Kostüme, die für den Nackedei im Lauf der Jahrhunderte gefertigt wurden, kann man in dem Museum Garderobe Manneken-Pis *(siehe S. 56)* und in der Maison du Roi *(siehe S. 15)* gegen Eintritt betrachten.

3 Africa Museum, Tervuren

Die Ausstellungen im »Königlichen Museum für Zentralafrika« kann man am Wochenende kostenlos besichtigen. Der Zutritt zum Park ist täglich frei. Das Gelände mit Formschnittgärten, klassizistischen Brunnen und altem Baumbestand lädt zum Spazieren und Picknicken ein *(siehe S. 86)*.

4 Europäisches Parlament & Parlamentarium, Brüssel

Das Besucherzentrum des Europäischen Parlaments informiert über die Institution und die Arbeit der Parlamentarier. Der Eintritt ist frei *(siehe S. 84f)*.

Maagdenhuismuseum, Antwerpen

5 Museen

Viele der staatlichen Museen Belgiens bieten an einem Tag im Monat kostenlosen Eintritt. In den Musées royaux des Beaux-Arts de Belgique *(siehe S. 18f)* und im Musée des Instruments de Musique *(siehe S. 20f)* in Brüssel sowie in vielen Museen Antwerpens ist der Besuch am ersten Mittwoch jeden Monats ab 13 Uhr gratis. Das Maagdenhuismuseum *(siehe S. 104)* und das Museum aan de Stroom *(siehe S. 102)* in Antwerpen kann man am letzten Mittwoch im Monat gratis besuchen.

6 Graslei & Korenlei, Gent

Die beiden Kais an der Leie sind über die Sint-Michielsbrug miteinander verbunden. Die Aussicht von der Brücke auf Sint-Niklaaskerk, Belfort und Sint-Baafskathedraal ist herrlich *(siehe S. 109)*.

Graslei, Gent

Brügge erkunden

Brügge erkundet man am besten zu Fuß. Wegen des Kopfsteinpflasters ist festes Schuhwerk empfehlenswert. Das von Kanälen und entlang der Stadtmauer verlaufenden Straßen begrenzte historische Zentrum bietet überall Sehenswertes. Viele Hotels halten Karten mit Routenvorschlägen bereit.

Centraal Station, Antwerpen

Karte V2

Der Antwerpener Hauptbahnhof ist ein klassisches Baudenkmal aus dem Goldenen Zeitalter der Eisenbahn. Das mit Marmor und goldenen Schmuckelementen ausgestattete, von einer Glaskuppel überwölbte Gebäude gilt als Meisterwerk des belgischen Architekten Louis Delacenserie (1838–1909). Es wurde 1905 fertiggestellt.

Palais de Justice, Brüssel

Palais de Justice, Brüssel

Das kolossale Bauwerk prägt das Brüsseler Stadtbild. Da es heute noch als Gerichtsgebäude dient, steht es an Werktagen Besuchern offen. Bei der Fertigstellung nach 17 Jahren Bauzeit im Jahr 1883 war das Palais de Justice das größte Gebäude Europas. Auch die Innenausstattung ist äußerst beeindruckend *(siehe S. 76)*.

Kirchen

Viele Kirchen in Brüssel und Flandern kann man kostenlos besuchen. Eine Ausnahme bildet zum Beispiel die Kathedrale Antwerpens.

Die Region für wenig Geld

Centraal Station, Antwerpen

1 Die staatliche Eisenbahngesellschaft Belgiens SNBC bietet zahlreiche Ermäßigungen, u. a. für Wochenendfahrten, für Senioren über 65 Jahre und für Kinder unter 12 Jahren (www.belgiantrain.be).

2 Die Hotelpreise in der Region variieren nach Besucheraufkommen. Brüsseler Hotels sind an Wochenenden teurer und im August günstiger. Brügger Hotels sind in der Nebensaison werktags preiswerter.

3 Sofern nicht im Zimmerpreis enthalten, kostet ein Frühstück im Hotel zehn bis 25 € pro Person. In Cafés frühstückt man meist preiswerter.

4 Parkplätze in den Stadtzentren sind teuer. Parken Sie wenn möglich außerhalb und entdecken Sie Brügge, Antwerpen, Gent und Brüssel zu Fuß.

5 Für die Nutzung öffentlicher Verkehrsmittel lohnen sich (Mehr-)Tageskarten oder die in ganz Belgien gültige aufladbare MoBIB-Karte. In Brüssel empfehlen sich diese Tickets besonders für Ausflüge in die Umgebung.

6 Die in den Städten angebotenen Museumspässe ermöglichen den Besuch mehrerer Museen zu reduzierten Preisen.

7 Die in Restaurants vor allem mittags erhältlichen Festpreismenüs bieten ein exzellentes Preis-Leistungs-Verhältnis.

8 Belgien ist für *frites* (Pommes frites) bekannt. In einem guten Imbiss *(friterie / frietkot)* bekommt man eine preiswerte sättigende Mahlzeit.

9 Mit einem Picknick lässt sich Geld sparen. Delikatessenläden, Bäckereien und Patisserien bietet Sandwiches, Tartes Reisfladen, Salate und andere Snacks.

10 Wer ein Souvenir aus Belgien mitnehmen möchte, sollte sich während des Aufenthalts in den Läden vor Ort danach umsehen. An den Flughäfen sind die Preise in der Regel hoch.

🔟 Festivals & Veranstaltungen

Blumenarrangement, Gentse Floraliën

① Gentse Floraliën, Gent
Ende Apr (2027, 2032…)

Bei der alle fünf Jahre stattfinden-
den Blumenschau werden in der
Veranstaltungshalle Flanders Expo
und im Stadtzentrum originelle Ar-
rangements präsentiert. Die Genter
Gärtnereien sind vor allem für Begonien, Azaleen, Rhododendren
und Rosen bekannt.

② Heilig Bloedprocessie, Brügge
Christi Himmelfahrt (Mai)

Die Heiligblut-Prozession in Brügge
wird seit rund 800 Jahren abgehalten. 40 Tage nach Ostern wird die
Reliquie aus der Heilig-Bloedbasiliek *(siehe S. 28)* in einer feierlichen
Prozession durch die Straßen ge-
tragen. Es werden Szenen aus der
Bibel nachgespielt, viele Teilnehmer
tragen mittelalterliche Trachten.

③ Festival van Vlaanderen
Juni – Okt ▪ www.festival.be

Das in ganz Flandern stattfindende
Festival präsentiert klassische
Musik, Jazz, Weltmusik und Tanz.

Neben Konzertsälen dienen Kirchen
und andere historische Gebäude als
Veranstaltungsorte.

④ Ommegang, Brüssel
Ende Juni / Anfang Juli

Bei dem Umzug wird die Ankunft
von Kaiser Karl V. in Brüssel im Jahr
1549 nachgespielt. Die Prozession
mit rund 2000 Teilnehmern, die als
Adelige, Zunftgenossen, Soldaten
und Gaukler verkleidet sind, endet
auf der Grand Place.

⑤ Foire du Midi, Brüssel
Mitte Juli – Mitte Aug

Für den großen Jahrmarkt werden
am Boulevard du Midi traditionelle
Fahrgeschäfte wie Autoscooter und
Achterbahnen sowie hochmoderne
Attraktionen installiert.

⑥ Planten van de Meiboom, Brüssel
9. Aug (ab 13.30 Uhr)

Der Brauch geht auf das Jahr 1213
zurück. In einem Umzug, der von
der Confrérie des Compagnons de
Saint-Laurent angeführt und von
sieben als riesige Puppen verklei-
deten Personen begleitet wird, wird
ein Maibaum durch Brüssel getra-
gen und an der Ecke Rue du Marais
und Rue des Sables aufgestellt.

⑦ Reiefeest, Brügge
Letzte 10 Tage im Aug (2028, 2033…)

Bei dem alle drei Jahre stattfinden-
den Festival wird die Bedeutung des

Konzert beim Festival van Vlaanderen

Flusses Reie für die Stadt Brügge gewürdigt. Am Ufer werden Ereignisse der Stadtgeschichte nachgespielt. Die historische Architektur Brügges ist stimmungsvolle Kulisse.

8 Praalstoet van de Gouden Boom, Brügge

Ende Aug (2024, 2029 …)

Mit der »Prozession des Goldenen Baums« wird an die Hochzeit von Karl dem Kühnen und Margareta von York erinnert, die 1468 in Brügge stattfand. Der Umzug mit Teilnehmern in historischen Trachten und mehreren riesigen Figuren lässt die glanzvolle Zeit während der Herrschaft des Hauses Burgund wieder aufleben. Er findet seit 1958 alle fünf Jahre statt.

9 Toussaint, ganz Belgien

1. & 2. Nov

An Allerheiligen und Allerseelen gedenken die Belgier ihrer Verstorbenen. Sie schmücken die Gräber auf den Friedhöfen mit Blumen – 50 Millionen sollen es jährlich sein, vor allem Chrysanthemen.

Fête de Saint-Nicolas

10 Fête de Saint-Nicolas, ganz Belgien

6. Dez

In Belgien ist der Nikolaustag für Kinder ein großes Ereignis. In das Ornat des Bischofs von Myra gekleidet zieht der hl. Nikolaus (niederländisch »Sinterklaas«), begleitet von seinem Helfer Zwarte Piet, durch die Straßen der Städte. An die Kinder werden Geschenke und Süßigkeiten verteilt.

Sportveranstaltungen

1 Ronde van Vlaanderen
1. So im Apr
Die Flandern-Rundfahrt gehört zu den Klassikern des Radsports.

2 Liège-Bastogne-Liège
3. So im Apr
Das Straßenradrennen ist das älteste Eintagesrennen der Welt.

3 Zesdaagse van Vlaanderen-Gent
Karte P6 ▪ Ende Nov ▪ 't Kuipke, Citadelpark, Gent
Das Sechstagerennen besitzt im europäischen Bahnradsport große Bedeutung.

4 Jan Breydelstadion
Olympialaan 74, Brügge ▪ +32 (0)50 40 2135 ▪ www.clubbrugge.be
Das Stadion ist Heimat der Fußballklubs Club Brugge und Cercle Brugge.

5 20 km de Bruxelles
Letzter So im Mai
Der Minimarathon führt durch Brüssel.

6 Grand Prix de Belgique
Spa-Francorchamps ▪ Ende Aug
Der Große Preis von Belgien lockt viele Formel-1-Fans an.

7 Wellingtonrenbaan, Ostende
In der Anlage finden im Juli und August jeden Montag Pferderennen statt.

8 Stade Roi-Baudouin, Brüssel
Karte F1 ▪ Ave du Marathon 135, Laeken ▪ +32 (0)2 474 3940
Leichtathletik, Radsport und internationale Fußballspiele sind hier zu sehen.

9 Lotto Park, Anderlecht
Karte F2 ▪ Avenue Théo Verbeeck ▪ +32 (0)2 529 4067 ▪ www.rsca.be
Das Stadion ist Sitz des RSC Anderlecht.

10 Memorial Van Damme
Karte F1 ▪ Sep ▪ Stade Roi-Baudouin, Brüssel
Die Leichtathletikveranstaltung ist die bedeutendste Belgiens.

Memorial Van Damme

TOP10 Ausflüge

Leuvens prächtiges Stadhuis

① Leuven (Löwen)
Information: Naamsestraat 3
▪ +32 (0)16 203 020
▪ www.visitleuven.be
Die alte Universitätsstadt Leuven (frz. Louvain) bezaubert mit ihrer noch heute spürbaren humanistischen Tradition und den historischen Gebäuden – vor allem mit dem gotischen Stadhuis.

② Walibi Belgium
Für Familien ist Belgiens größter Vergnügungspark immer einen Tagesausflug wert *(siehe S. 57)*.

③ Forêt de Soignes
Drève du Rouge-Cloître 4, Auderghem ▪ www.foret-de-soignes.be
Die alten Buchenwälder eignen sich für ausgedehnte Wanderungen und Radtouren, vor allem im Herbst, wenn sich das Laub bunt färbt. Bei Groenendaal und Tervuren gibt es zwei Arboreten. Die Abbaye de Rouge-Cloître aus dem 14. Jahrhundert beherbergt ein Besucherzentrum.

④ Namur
Information: Rue du Pont 21
▪ +32 (0)81 246 449
▪ www.namurtourisme.be
Die reizvolle Stadt am Zusammenfluss von Meuse und Sambre ist für die mächtige Zitadelle berühmt, die sich auf einem steilen Felsen erhebt.

⑤ Mechelen
Information: Vleeshouwersstraat 6 ▪ +32 (0)15 297 654
▪ https://visit.mechelen.be
Mechelen (Malines) war während der Herrschaft des Hauses Burgund eine stolze Handelsstadt und ein Machtzentrum unter Margarete von Österreich (1507–1530). Der Glockenturm der herrlichen gotischen Sint-Romboutskathedraal beherrscht das Stadtbild.

⑥ Lier
Information: Grote Markt 58
▪ +32 (0)38 000 555 ▪ www.visitlier.be
In der kleinen Stadt südöstlich von Antwerpen umringen einige historische Gebäude den Grote Markt. Am eindrucksvollsten ist der Zimmer-

Reizende Häuser am Flüsschen Nete in Lier

toren (14. Jh.), ein Verteidigungs-
turm mit einer astronomischen Uhr.
Die *beguinage* (13. Jh.) in Lier zählt
zum UNESCO-Welterbe.

Butte du Lion, Waterloo

⑦ Schlachtfeld bei Waterloo

Route du Lion 1815, Braine-l'Alleud
▪ +32 (0)23 851 912 ▪ variierende
Öffnungszeiten ▪ Eintritt ▪ www.
waterloo1815.be

Bei Waterloo, 15 Kilometer südlich
von Brüssel, wurde 1815 Napoléon
geschlagen. An dem Schlachtfeld
gibt es u. a. ein Besucherzentrum
und eine Multmedia-Show.

⑧ Oostende (Ostende)

Information: Monacoplein 2
▪ +32 (0)59 701 199
▪ www.visitoostende.be

Oostende ist als Seebad und Hafenstadt bekannt. Die Kunstsammlung

im Mu.ZEE, u. a. mit Werken von
James Ensor, ist sehenswert.

⑨ Damme

Information: Jacob van
Maerlantstraat 3 ▪ +32 (0)50 288
610 ▪ www.visitdamme.be

Von der einst blühenden Stadt am
Anfang des Kanals nach Brügge
sind ein paar spätmittelalterliche
Bauwerke verblieben.

⑩ Ieper (Ypres)

Information: Grote Markt 34
▪ +32 (0)57 239 220 ▪ www.toerisme
ieper.be; In Flanders Fields Museum:
Grote Markt 34 ▪ +32 (0)57 239 220
▪ Apr – Sep: tägl. 10 – 18 Uhr (Sa & So
bis 17 Uhr); Okt – Mitte Nov: tägl.
10 – 17 Uhr; Mitte Nov – Mitte März:
Di – So 10 – 17 Uhr ▪ Eintritt ▪ www.
inflandersfields.be

Ieper (frz. Ypres) hatte im Mittelalter
durch den Tuchhandel Bedeutung
orlangt Im Ersten Weltkrieg wurde
die stark umkämpfte Stadt nahezu
vollständig zerstört. Man kann die
Schützengräben und die Soldaten-
friedhöfe besichtigen. An der Straße,
die die Alliierten entlangmarschier-
ten, steht die Gedenkhalle Menen-
poort, an der jeden Abend Trompeter
zur Erinnerung an die Gefallenen
das Signal »The Last Post« blasen.
Das In Flanders Fields Museum informiert über die Hintergründe und
die Schrecken des Krieges.

Städte & Regionen

Steenhouwersdijk, Brügge

TOP10 Zentrum von Brüssel

Das Stadtzentrum von Brüssel hat die Form eines Pentagons, das einst durch Stadtmauern begrenzt wurde. Von den mächtigen Befestigungsanlagen des 14. Jahrhunderts ist außer der Porte de Hal wenig verblieben, heute bildet die Ringstraße Petite Ceinture (Kleiner Gürtel) die Begrenzungslinie. Im Zentrum befinden sich die meisten der historischen Sehenswürdigkeiten der Stadt. Außerdem locken Museen sowie zahlreiche Hotels, Restaurants, Cafés und Läden Besucher in das Zentrum von Brüssel.

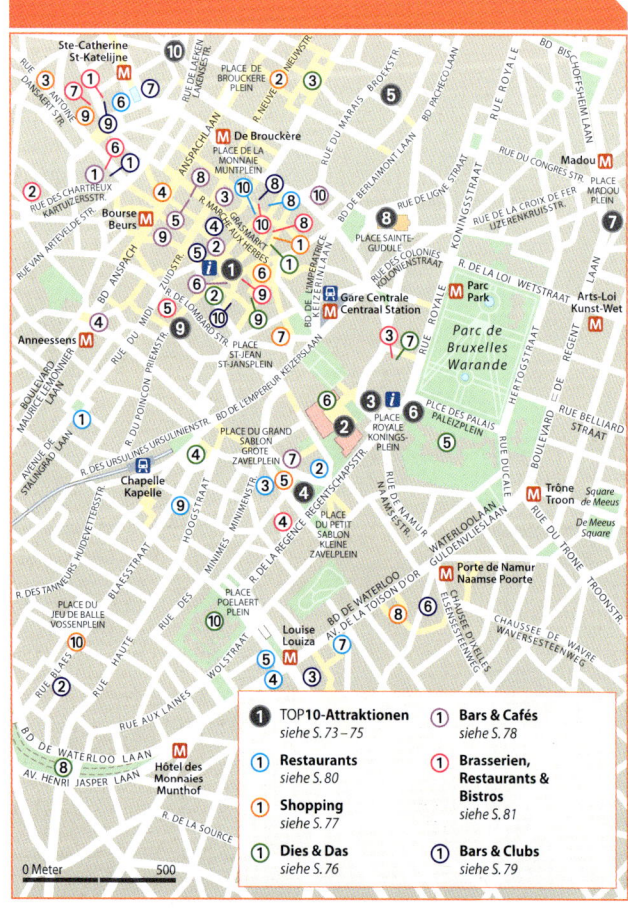

1 TOP10-Attraktionen *siehe S. 73 – 75*	**1** Bars & Cafés *siehe S. 78*
1 Restaurants *siehe S. 80*	**1** Brasserien, Restaurants & Bistros *siehe S. 81*
1 Shopping *siehe S. 77*	
1 Dies & Das *siehe S. 76*	**1** Bars & Clubs *siehe S. 79*

0 Meter   500

Tapis des Fleurs auf der von historischen Gebäuden gesäumten Grand Place

① Grand Place

Bei einem Aufenthalt in Brüssel ist der Besuch der Grand Place ein Muss. Die in prächtigem Barockstil gestalteten Zunfthäuser erinnern an die Handwerker und Kaufleute, die Brüssel einst zu Wohlstand verhalfen. Auch das gotische Rathaus beeindruckt. In den Läden am Platz kann man belgisches Gebäck erwerben *(siehe S. 14–17)*.

Das Kartenspiel von Henri de Braekeleer, Musées royaux des Beaux-Arts

② Musées royaux des Beaux-Arts des Belgique

Zu den Hauptattraktionen im Musée Oldmasters gehören Gemälde von Rubens und Pieter Brueghel d. Ä. Das Musée Fin-de-Siècle widmet sich u. a. dem Symbolismus und dem Art nouveau. Auch das Musée Magritte beherbergt eine einzigartige Sammlung *(siehe S. 18f)*.

③ Musée des Instruments de Musique

Die Sammlung historischer und moderner Musikinstrumente ist im früheren Art-nouveau-Kaufhaus »Old England« untergebracht. Kopfhörer erwecken die ausgestellten Instrumente zum Leben *(siehe S. 20f)*.

④ Sablon

Karte C4 ▪ **Église Notre-Dame du Sablon: Rue de Sablons; Mo – Fr 9 – 18.30 Uhr, Sa & So 10 – 19 Uhr**

Der Name des Viertels (»Sand«) bezieht sich auf das sandige Marschland, das sich bis zum 17. Jahrhundert in dem Gebiet erstreckte. An der Place du Grand Sablon liegen Antiquitätenläden und die Chocolatiers Wittamer und Pierre Marcolini. In dem Park auf der Place du Petit Sablon symbolisieren Statuen die mittelalterlichen Zünfte. Zwischen den beiden Plätzen steht die Église Notre-Dame du Sablon *(siehe S. 46)*.

Église Notre-Dame du Sablon

Originalzeichnungen im Centre Belge de la Bande Dessinée

⑤ Centre Belge de la Bande Dessinée

Das Museum reflektiert die große Beliebtheit von Comics in Belgien und anderen europäischen Ländern. Präsentiert werden Archivmaterial, Originalzeichnungen und weitere Exponate. Im Zentrum der Ausstellungen stehen belgische Comiczeichner, allen voran Hergé, der die Geschichten um Tintin (Tim & Struppi) schuf *(siehe S. 26f)*.

Palais Coudenberg

⑥ Palais Coudenberg

Karte D4 ▪ Place des Palais 7 ▪ +32 (0)2 500 4554 ▪ Di – Fr 9.30 – 17 Uhr (Juli & Aug: 11–19 Uhr), Sa & So 11–19 Uhr ▪ Eintritt ▪ www.coudenberg.brussels

Die archäologische Stätte des mittelalterlichen Palais Coudenberg erreicht man über das BELvue Museum *(siehe S. 76)*. Das Palais war Residenz der Herzöge von Brabant und bis zum Brand von 1731 600 Jahre lang Sitz der Generalstatthalter der Niederlande. Zu sehen ist u. a. der Keller der Aula Magna, des Prunksaals des Palastes, in dem Kaiser Karl V. 1555 abdankte.

⑦ Musée Charlier

Karte E3 ▪ Avenue des Arts 16, Saint-Josse-ten-Noode ▪ +32 (0)2 217 8161 ▪ Mo – Do 12 –17 Uhr, Fr 10 – 13 Uhr ▪ Eintritt ▪ www.charlier museum.be

Große Stadt- oder Herrenhäuser aus dem 19. Jahrhundert, sogenannte *maisons de maître*, sind für Brüssel charakteristisch. Das Museum bietet die seltene Gelegenheit, ein solches Haus von innen zu sehen. Der Erstbesitzer, Henri van Curtsem, beauftragte Victor Horta *(siehe S. 23)* mit der Gestaltung der Räume. Van Curtsems Erbe, der Bildhauer Guillaume Charlier, machte das Haus zum Treffpunkt der Brüsseler Avantgarde. Als er 1925 starb, hinterließ er es der Stadt, seit 1928 ist es Museum und zeigt noch viel vom Dekor jener Zeit. Neben Werken von Künstlern wie James Ensor, Léon Frédéric, Fernand Khnopff und Rik Wouters ist auch eine schöne Sammlung antiker Möbel zu sehen.

⑧ Cathédrale des Saints Michel et Gudule

Karte D3 ▪ Parvis Sainte-Gudule ▪ +32 (0)2 217 8345 ▪ Mo – Fr 7–18 Uhr, Sa, So & Feiertage 8 –18 Uhr ▪ Eintritt für Krypta & für Kirchenschatz ▪ www.cathedralisbruxellensis.be

Brüssels größte und schönste Kirche, an der man ab 1225 drei Jahrhunderte lang baute, wurde sorgfältig restauriert. Der honigfarbene Stein der Zwillingstürme (15. Jh.) glänzt in der Abendsonne besonders schön. Die Kathedrale, ein präch-

Das Pentagon

Die erste Stadtmauer um Brüssel wurde 1100 gebaut. Da die Stadt schnell wuchs, ersetzte man die Befestigung im Jahr 1379 durch eine neue. So ergab sich das noch heute erkennbare Fünfeck. Die Mauern wurden im 19. Jahrhundert abgerissen, um Platz für baumbestandene Boulevards zu schaffen. Von den Stadttoren ist nur die Porte de Hal erhalten.

tiges Beispiel für die zierliche Brabanter Gotik, besitzt herrliche Buntglasfenster des 16. Jahrhunderts und eine wundervolle Barockkanzel (1699). Geweiht ist die Kirche dem hl. Michael, Schutzpatron der Stadt, und Gudula, einer Heiligen aus dem 8. Jahrhundert, die den Teufel überlistet haben soll.

9 Manneken Pis

In Brüssel ist der nackte Knirps allgegenwärtig. Die Figur ist auf Postkarten, T-Shirts, Schlüsselanhängern, Korkenziehern und vielen weiteren Accessoires zu finden. Am besten sucht man aber das Original auf und schießt ein Erinnerungsfoto *(siehe S. 16).*

10 Église St-Jean-Baptiste-au-Béguinage

Karte B1 ▪ Place du Béguinage
▪ +32 (0)2 217 8742 ▪ Di–Sa
11–17 Uhr, So 14–17 Uhr

Die im 17. Jahrhundert erbaute barocke Kirche gilt als eine der schönsten Belgiens. Sie gehörte einst zu einem *béguinage (siehe S. 92).*

Église St-Jean-Baptiste-au-Béguinage

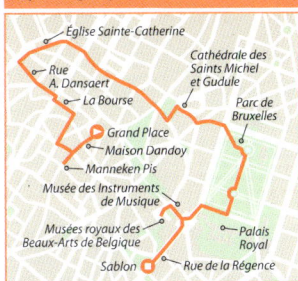

Église Sainte-Catherine
Cathédrale des Saints Michel et Gudule
Rue A. Dansaert
La Bourse
Parc de Bruxelles
Grand Place
Maison Dandoy
Manneken Pis
Musée des Instruments de Musique
Musées royaux des Beaux-Arts de Belgique
Palais Royal
Sablon
Rue de la Régence

▶ Vormittag

Beginnen Sie den Tag mit einem Spaziergang über die **Grand Place** und einem Besuch bei **Manneken Pis**. Unterwegs sollten Sie sich in der **Maison Dandoy** *(siehe S. 17)* eine Waffel gönnen. Gehen Sie zurück zu **La Bourse** *(siehe S. 16)* und westwärts entlang der **Rue Antoine Dansaert**, die edle Boutiquen säumen. Biegen Sie rechts ab in die Rue du Vieux Marché aux Grains und gehen Sie zur **Église Sainte-Catherine**. Die Kirche wurde 1854 von Joseph Poelaert entworfen und steht am Beginn eines jetzt von der Place Sainte-Catherine überbauten Kanals. Wo einst der Fischmarkt lag, gibt es heute Fischrestaurants, in denen man gut zu Mittag essen kann.

Nachmittag

Gehen Sie in östlicher Richtung zurück und besichtigen Sie die **Cathédrale des Saints Michel et Gudule**. Danach führt die Rue Royale bergan. Nach einem Spaziergang durch den **Parc de Bruxelles** gehen Sie zum **Palais Royal** *(siehe S. 76)* und zur Place Royale (17. Jh.) mit der Statue des Kreuzfahrers Gottfried von Bouillon (11. Jh.). In der Nähe liegen die **Musées royaux des Beaux-Arts de Belgique** und das **Musée des Instruments de Musique**. Nach dem Besuch der Museen geht es über die **Rue de la Régence** weiter zu den Cafés und Schokoladenläden in dem Viertel **Sablon**.

Siehe Karte S. 72

Dies & Das

1 **Galeries Royales Saint-Hubert**
Bei der Eröffnung im Jahr 1847 war die elegante Einkaufspassage die größte Europas *(siehe S. 16)*.

2 **Musée Mode & Dentelle**
Das Museum widmet sich der Geschichte der Spitzenklöppelei. Im Brüssel des 19. Jahrhunderts übten rund 10 000 Frauen dieses Handwerk aus *(siehe S. 16)*.

3 **Place des Martyrs**
Karte C2
In einer Krypta unter dem Platz sind 445 »Märtyrer« begraben, die bei der Revolution 1830 starben.

4 **Église Notre-Dame de la Chapelle**
Karte B4 ▪ Place de la Chapelle ▪ Juni – Sep: tägl. 9 – 19 Uhr; Okt – März: tägl. 9 – 18 Uhr
Die wunderschöne Kirche birgt das Grab von Pieter Brueghel d. Ä.

5 **Palais Royal & BELvue Museum**
Karte D4 ▪ Place des Palais ▪ Palais Royal: +32 (0)2 551 2020; Ende Juli – Mitte Sep: Di – So 10.30 – 17 Uhr; www.monarchie.be ▪ BELvue Museum: +32 (0)2 5450 800 (Sa & So +32 (0)2 500 4554); Mo – Fr 9.30 – 17 Uhr (Juli & Aug: 11 – 19 Uhr), Sa & So 11 – 19 Uhr; Eintritt; www.belvue.be
Im prunkvollen Palais Royal erhält man Einblick in das einstige Leben der Aristokratie. Das benachbarte BELvue Museum widmet sich der Geschichte Belgiens ab 1830.

6 **Palais de Charles de Lorraine**
Karte C4 ▪ Mont des Arts 28 ▪ +32 (0)2 5195 311 ▪ variierende Öffnungszeiten ▪ Eintritt ▪ www.kbr.be
Das Palais (18. Jh.) beherbergt die Königliche Bibliothek Belgiens. Es finden Wechselausstellungen statt.

7 **Cinematek**
Karte D4 ▪ Rue Baron Horta 9 ▪ +32 (0)2 551 1900 ▪ tägl. ▪ Eintritt ▪ www.cinematek.be
Im Foyer des kleinen Kinos widmet sich eine Ausstellung der Geschichte der bewegten Bilder.

8 **Porte de Hal**
Karte B6 ▪ Boulevard du Midi 150; Museum: +32 (0)2 534 1518; Mo – Do 9.30 – 17 Uhr, Sa, So & Feiertage 10 – 17 Uhr; Eintritt; www.hallegatemuseum.be
Die Porte de Hal (14. Jh.), das einzige erhaltenen Stadttor Brüssels, beherbergt ein Museum.

9 **Illusion Brussels**
Karte C3 ▪ 22 Rue du Marché aux Fromages 22 ▪ +32 (0)2 828 1600 ▪ tägl. 10 – 19 Uhr (Fr – So & Feiertage bis 21 Uhr) ▪ Eintritt ▪ www. illusion brussels.be
Die optischen Täuschungen begeistern Kinder und Erwachsene.

10 **Palais de Justice**
Karte B5 ▪ Place Poelaert
Der klassizistische Bau ist eines der größten Gerichtsgebäude der Welt.

Eingang des Palais de Justice

Shopping

(1) Galeries Royales Saint-Hubert

In der Passage befinden sich edle Juweliere und andere luxuriöse Läden *(siehe S. 16)*.

(2) Rue Neuve
Karte C2

In der nahe dem Stadtzentrum gelegenen Fußgängerzone sind viele der großen europäischen Modehäuser vertreten. Am nördlichen Ende steht das Kaufhaus Inno.

(3) Rue Antoine Dansaert
Karte A2

An der Straße betreiben viele berühmte Antwerpener Designer Boutiquen. Weitere Läden bieten Mode bekannter belgischer Label.

Stand auf dem Weihnachtsmarkt

(4) Weihnachtsmarkt
Karte B3

Der Weihnachtsmarkt wird von Dezember bis Januar in den Straßen rund um La Bourse und am Quai aux Briques abgehalten.

(5) Place du Grand Sablon
Karte C4

An dem Platz befinden sich Antiquitätenläden und die Chocolatiers Wittamer und Pierre Marcolini. Auch in den umliegenden Straßen gibt es schöne Läden.

(6) Galerie Agora
Karte C3 ■ Rue du Marché aux Herbes

In der Einkaufspassage bieten preisgünstige Läden T-Shirts, Lederwaren, Modeschmuck und Räucherwerk an.

Buchhandlung in der Galerie Bortier

(7) Galerie Bortier
Karte C3 ■ Rue de la Madeleine 55

Die Passage ist kleiner als die Galeries Royales Saint-Hubert, aber auch elegant. Die Läden bieten Drucke, Poster und gebrauchte Bücher.

(8) Avenue Louise & Galerie de la Toison d'Or
Karte C6 & D5

An der Avenue Louise und dem benachbarten Boulevard de Waterloo befinden sich Boutiquen von internationalen Top-Designern. Weiter östlich lädt die Galerie de la Toison d'Or zum Shoppingbummel ein.

(9) Rund um die Grand Place
Karte B–C3

Rue du Marché aux Herbes, Rue du Marché au Charbon und Rue du Midi bieten Schmuck-, Buch- und Delikatessenläden sowie kleine Boutiquen.

(10) Place du Jeu de Balle & Rue Blaes &
Karte B5

Auf der Place du Jeu de Balle findet täglich ein Flohmarkt (6–14 Uhr) statt. An der Rue Blaes verkaufen Läden Antiquitäten und Trödel.

Siehe Karte S. 72

Bars & Cafés

1 Greenwich Modern
Karte B2 ▪ Rue des Chartreux 7

In der Brasserie mit wunderschönem Art-nouveau-Interieur kehren Besucher, wie einst René Magritte, gern zum Schachspielen ein.

Schachspieler im Greenwich Modern

2 Le Roy d'Espagne
Karte C3 ▪ Grand Place 1

Das Lokal im ehemaligen Zunfthaus der Bäcker verströmt mittelalterliches Flair. Es werden kleine Mahlzeiten angeboten.

3 Au Bon Vieux Temps
Karte C3 ▪ Impasse St-Nicolas 4

Die traditionsreiche Kneipe aus dem 17. Jahrhundert liegt versteckt in einer Seitenstraße der Rue du Marché aux Herbes. Gäste genießen die ruhige Atmosphäre.

4 Chez Moeder Lambic
Karte B3 ▪ Place Fontainas 8

Die Filiale der in Saint-Gilles ansässigen Bar Moeder Lambic bietet Hunderte, überwiegend belgische Biersorten an. Dutzende kann man frisch gezapft genießen. Das fachkundige Personal berät gerne bei der Auswahl.

5 Le Cirio
Karte B3 ▪ Rue de la Bourse 18

Die seit 1886 existierende Brasserie mit bezauberndem Art-nouveau-Interieur ist bekannt für die *half-en-half* genannte Mischung aus Champagner und Weißwein.

6 Maison Dandoy
Die Bäckerei lockt mit Köstlichkeiten wie hausgemachten *speculoos* (Karamellgebäck), Waffeln mit Schokoladensauce und Obst mit Sahne *(siehe S. 17)*.

7 Wittamer
Karte C4 ▪ Place du Grand Sablon 12–13

Die Pralinen des Chocolatiers werden von Besuchern besonders gern erworben. Da der Laden über Sitzgelegenheiten verfügt, kann man die Leckereien auch bei einer Tasse Tee oder Kaffee genießen.

8 Peck 47
Karte B2 ▪ Rue du Marché aux Poulets 47

Das beliebte Café bietet neben Kuchen und Snacks den ganzen Tag über Brunch an. Die Karte beinhaltet vegane und glutenfreie Speisen.

9 Bonnefooi
Karte B3 ▪ Rue des Pierres 8

Die Bar lockt ein junges Publikum an. Unter der Woche gibt es Livemusik, an den Wochenenden legen DJs auf.

10 À La Mort Subite
Karte C2 ▪ Rue Montagne aux Herbes Potagères 7

Die Bar wurde 1928 im Rokokostil umgestaltet. Der Name »Zum plötzlichen Tod« sollte Besucher nicht beunruhigen – er bezieht sich auf ein Würfelspiel.

À La Mort Subite

Bars & Clubs

Livemusik im L'Archiduc

1 L'Archiduc
Karte B2 ▪ Rue Antoine
Dansaert 6 ▪ www.archiduc.net

Das Art-déco-Interieur der eleganten Bar erinnert an einen Luxusliner der 1930er Jahre. Am Flügel erklingen Jazzmelodien.

2 Fuse
Karte B5 ▪ Rue Blaes 208
▪ www.fuse.be

Der Club in den Kellerräumen eines unscheinbaren Wohnhauses gehört zu den besten der Stadt. DJs bieten Techno und Drum 'n' Bass.

3 Bloody Louis
Karte C6 ▪ Avenue Louise 32
▪ www.bloodylouis.be

Der Club in der Louise Gallery hat sich voll und ganz der Elektromusik verschrieben. Regelmäßig sind Star-DJs zu Gast.

4 La Reserve
Karte C3 ▪ Petite Rue au Beurre
2a ▪ +32 (0)2 5116 006

Die älteste LGBTQ+ Bar Brüssels wird von Einheimischen und Besuchern wegen der lebhaften At-

mosphäre an den Wochenenden und der guten Bierauswahl geschätzt. Einige der Biere stammen aus der nahe gelegenen Mikrobrauerei En Stoemelings.

5 The Music Village
Karte B3 ▪ Rue des Pierres 50
▪ www.themusicvillage.com

Die Jazz- und Bluesbar bietet an Werktagen ab 20.30 Uhr und an Wochenenden ab 21 Uhr Livemusik. Speisen werden vor und zwischen den Bandauftritten serviert.

6 Spirito
Karte C6 ▪ Rue Stassart 18
▪ www.spiritobrussels.com

Der elegante Club mit Restaurant in einer ehemaligen Kirche begeistert mit einer grandiosen Lightshow und einer großen Tanzfläche.

7 Madame Moustache
Karte B2 ▪ Quai au Bois à Brûler
5–7 ▪ www.madamemoustache.be

Der Club mit Konzertbühne bietet Rock'n' Roll, Swing, Funk und Jazz aus den 1950er bis 1980er Jahren.

8 Delirium Village
Karte C3 ▪ Impasse de la Fidélité
4 ▪ www.deliriumvillage.com

Der Komplex aus mehreren Bars und Kneipen sicherte sich mit über 2000 angebotenen Biersorten, darunter belgisches Craftbeer, einen Eintrag im Guinness-Buch der Rekorde.

9 Café Roskam
Karte B1 ▪ Rue de Flandre 9
▪ www.cafe-roskam.be

Die Bar wird sonntagabends zum erstklassigen Jazzclub.

10 The Green Man
Karte C3 ▪ Rue des Chapeliers
26 ▪ www.thegreenmanbar.be

Die Cocktailbar bietet exzellente Drinks, die man im Sommer an Tischen im Freien genießt. An den Wochenenden wird Livemusik gespielt.

Siehe Karte S. 72

Restaurants

1 Comme Chez Soi
Karte B4 ▪ Place Rouppe 23
▪ +32 (0)2 512 2921 ▪ So–Di geschl.
▪ www.commechezsoi.be ▪ €€€

Das familiengeführte Restaurant kann zwei Michelin-Sterne vorweisen. Wer die exzellente französische Küche genießen möchte, muss mehrere Wochen im Voraus reservieren.

L'Ecailler du Palais Royal

2 L'Ecailler du Palais Royal
Karte C4 ▪ Rue Bodenbroek 18 ▪ +32 (0)2 512 8751 ▪ Mitte Juli–Mitte Aug geschl. ▪ www.lecaillerdupalaisroyal.be ▪ €€€

Das exzellente Fischrestaurant lockt mit klassischen Gerichten.

3 Au Vieux Saint Martin
Karte C4 ▪ Place du Grand Sablon 38 ▪ +32 (0)2 512 64 76
▪ www.auvieuxsaintmartin.be ▪ €€

In dem mit moderner Kunst geschmückten Restaurant genießt man belgische Gerichte.

4 Isabelle Arpin
Karte G2 ▪ Avenue Louise 362
▪ +32 (0)49 297 1927 ▪ Sa mittags, Mo, Do & Fr geschl. ▪ www.isabellearpin.com ▪ €€€

Jedes der in dem Restaurant servierten Gerichte ist ein Gedicht.

5 La Villa Lorraine
Karte G2 ▪ Avenue du Vivier d'Oie 75 ▪ +32 (0)2 374 3163 ▪ So & Mo geschl. ▪ www.lavillalorraine.be ▪ €€€

Der belgische Koch Yves Mattagne begeistert mit kreativer Küche.

6 La Belle Maraîchère
Karte B2 ▪ Place Sainte-Catherine 11a ▪ +32 (0)2 512 9759 ▪ Mi & Do geschl. ▪ www.labellemaraichere.com ▪ €€€

Das zeitlos wirkende Restaurant ist seit Jahrzehnten beliebt. Es serviert hervorragende Fischgerichte.

7 Cospaia
Karte C5 ▪ Rue Crespel 1 ▪ +32 (0)2 513 03 03 ▪ mittags & So geschl. ▪ www.cospaia.be ▪ €€

Das schicke Restaurant mit Cocktailbar bietet klassische internationale Gerichte, die man in einem der beiden Gasträume, auf der Terrasse oder auf der Dachterrasse genießt.

8 Restaurant Vincent
Karte C3 ▪ Rue des Dominicains 8 ▪ +32 (0)2 511 2607 ▪ So geschl. ▪ www.restaurantvincent.be ▪ €€

Die Steaks und Muscheln in dem mit Mosaiken geschmückten Restaurant sind köstlich.

9 La Bonne Chère
Karte B4 ▪ Rue Notre-Seigneur 19 ▪ +32 (0)2 523 7555 ▪ Sa mittags, So & Mo geschl. ▪ www.labonnechere.be ▪ €€

Das rustikale und dennoch elegante Restaurant bietet Bistroküche.

10 Aux Armes de Bruxelles
Karte C3 ▪ Rue des Bouchers 13
▪ +32 (0)2 511 5550 ▪ €€

Die in dem seit 1921 existierenden schicken Restaurant servierten belgischen Gerichte sind exzellent.

Aux Armes de Bruxelles

Brasserien, Restaurants & Bistros

> **Preiskategorien**
> Preis für ein Drei-Gänge-Menü pro Person mit einer halben Flasche Wein, inkl. Steuern und Service.
> ....
> € unter 40 €   €€ 40 – 60 €   €€€ über 60 €

1 ### O la Vache
Karte B2 ▪ Rue de Flandre 25 ▪ +32 (0)4 8790 3480 ▪ Mo geschl. ▪ www.ohlavache.be ▪ €

In der offenen Küche des charmanten Bistros werden Fleischgerichte auf einem Holzkohlegrill zubereitet.

2 ### In 't Spinnekopke
Karte A3 ▪ Place du Jardin aux Fleurs 1 ▪ +32 (0)2 512 9205 ▪ So & Mo geschl. ▪ https://spinnekopke.be ▪ €

Das auf das 18. Jahrhundert zurückgehende *estaminet* (traditionelle Gaststätte) bietet regionale Küche.

3 ### Bozar Restaurant
Karte D3 ▪ Rue Baron Horta 3 ▪ +32 (0)2 503 0000 ▪ Sa mittags & So – Di geschl. ▪ www.bozar.be ▪ €€€

Das 1928 von Victor Horta im Art-déco-Stil gestaltete Restaurant bietet mit einem Michelin-Stern prämierte belgische Küche.

4 ### Les Petits Oignons
Karte C5 ▪ Rue de la Régence 25 ▪ +32 (0)2 511 7615 ▪ www.restaurant-petits-oignons-bruxelles.be ▪ €€

Die Brasserie lockt mit mediterranen und französischen Gerichten sowie einer exzellenten Weinkarte.

5 ### Nüetnigenough
Karte B3 ▪ Rue du Lombard 25 ▪ +32 (0)2 513 7884 ▪www.nuetnigenough.be ▪ €

Das Bistro bietet belgische Spezialitäten und eine gute Bierauswahl.

6 ### Le Pain Quotidien
Karte B2 ▪ Rue Antoine Dansaert 16a ▪ +32 (0)2 502 2361 ▪ www.lepainquotidien.com ▪ €

Die Kette, die belegte Brote und köstliches Gebäck anbietet, betreibt Filialen in aller Welt.

7 ### Le Pré Salé
Karte B2 ▪ Rue de Flandre 20 ▪ +32 (0)2 513 6545 ▪ www.lepresale.be ▪ €€

In der Brasserie werden klassische belgische Gerichte wie gekochter Aal, *stoemp* und *moules marinière (siehe S. 61)* mit Pommes frites und hausgemachter Mayonnaise serviert. Das Festpreismenü lohnt sich.

Taverne du Passage

8 ### La Taverne du Passage
Karte C3 ▪ Galerie de la Reine 30 ▪ +32 (0)2 512 1413 ▪ www.latavernedupassage.be ▪ €€

Die Fischgerichte in der seit den 1930er Jahren bestehenden traditionellen Brasserie sind hervorragend.

9 ### 't Kelderke
Karte C3 ▪ Grand Place 15 ▪ +32 (0)2 513 7344 ▪ www.restaurant-het-kelderke.be ▪ €

Die belgische Küche des in einem Kellergewölbe (17. Jh.) gelegenen Lokals begeistert.

10 ### Chez Léon
Karte C3 ▪ Rue des Bouchers 18 ▪ +32 (0)2 511 1415 ▪ www.chezleon.be ▪ €

Spezialität des seit 1893 existierenden Restaurants sind *moules-frites*.

Siehe Karte S. 72

🔟 Umgebung von Brüssel

Parc du
Cinquantenaire

Im Lauf der Jahrhunderte dehnte sich Brüssel über die Stadtmauern aus. Da eingemeindete Dörfer wie Ixelles, Anderlecht und Saint-Gilles ihren Charakter bewahrten, bietet Brüssels Umgebung eine reizvolle Vielfalt. Zu den Sehenswürdigkeiten gelangt man bequem mit öffentlichen Verkehrsmitteln.

1 Design Museum Brussels

Karte F1 ■ Place de Belgique, Laeken ■ +32 (0)2 669 4929 ■ tägl. 11–19 Uhr ■ Eintritt ■ www.designmuseum. brussels

Das nahe dem Atomium gelegene Museum widmet sich ausschließlich dem modernen Design. Die Sammlung mit aus Kunststoff gefertigten Objekten ist die größte ihrer Art in Europa. Sie reicht von spielerischer Pop-Art bis zu postmodernem Mobiliar wie dem Freischwinger. Es gibt Wechselausstellungen zu verschiedensten Themen und Materialien.

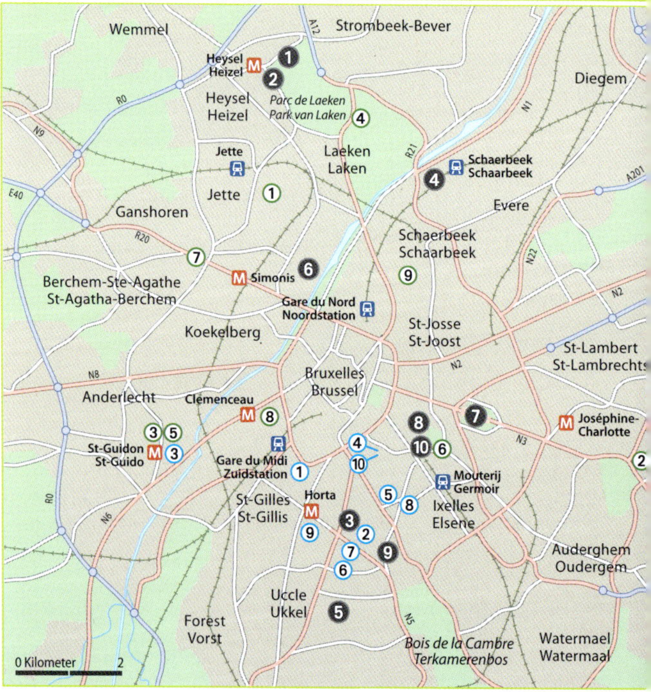

Atomium

3 **Musée Horta**

Das einstige Wohnhaus des Architekten zeigt Art nouveau in Vollendung *(siehe S. 22f)*.

4 **Train World**

Karte G1 ▪ Place Princesse Élisabeth 5, Schaerbeek ▪ +32 (0)2 224 7437 ▪ Di – So 10 – 17 Uhr ▪ Eintritt ▪ www.trainworld.be

Das Museum präsentiert die beeindruckende Sammlung der staatlichen Eisenbahngesellschaft des Königreichs Belgien (NMBS / SNCB). Die ältesten Lokomotiven stammen aus den 1840er Jahren. Zudem sind Waggons und verschiedenste Gerätschaften des Zugverkehrs zu sehen. Die Exponate werden mit Licht- und Toneffekten unterhaltsam in Szene gesetzt. Zentrum der Anlage ist der instandgesetzte Bahnhof Schaerbeek aus dem 19. Jahrhundert, den man per Zug, Tram oder Bus erreicht. Die bedeutendsten Exponate sind in den modernen Zweckbauten nahe dem Bahnhof untergebracht.

2 **Atomium**

Karte F1 ▪ Place de l'Atomium 1, Laeken ▪ +32 (0)2 475 4775 ▪ tägl. 10 – 18 Uhr ▪ Eintritt ▪ www.atomium.be

Das riesige Modell eines Eisenkristalls wurde für die Weltausstellung von 1958 errichtet. Es ist 102 Meter hoch und besteht aus neun Kugeln, die jeweils einen Durchmesser von 18 Metern haben.

Steenokkerzeel

Brüssel-Zaventem

Zaventem

Kraainem

Wezembeek-Oppem

Stockel

Woluwe-St-Pierre
St-Pieters-Woluwe

Tervuren

1 TOP10-Attraktionen
siehe S. 82 – 85

1 Restaurants, Cafés & Bars *siehe S. 87*

1 Dies & Das
siehe S. 86

Van Buuren Museum

5 **Van Buuren Museum**

Karte G3 ▪ Ave Léo Errera 41, Uccle ▪ +32 (0)2 343 4851 ▪ Mi – Mo 14 – 17.30 Uhr ▪ Eintritt ▪ www.museumvanbuuren.be

Das im Art-déco-Stil gehaltene einstige Wohnhaus von David und Alice van Buuren bezaubert mit Buntglasfenstern, wunderschönem Mobiliar und der Sammlung moderner Kunst.

⑥ Pixel Museum
Karte G2 ▪ **Tour & Taxis, Ave du Port 86c** ▪ **variierende Öffnungs-zeiten** ▪ **www.pixel-museum.brussels**

Das Museum widmet sich der Geschichte der Computerspiele und der Game Art. Ausgestellt sind die von Magnavox produzierte Spielkonsole Odyssey (1972) – die erste ihrer Art, die sich an einen Fernseher anschließen ließ –, modernes VR-Equipment sowie weitere Konsolen, Spiele und Pop-Art. Außerdem locken Wechselausstellungen, verschiedenste Veranstaltungen und Workshops sowie die Möglichkeit, Klassiker aus den vergangenen 40 Jahren zu spielen, Besucher in das Museum.

> ### Léopold II.
> Belgiens zweiter König regierte von 1865 bis 1909. Léopold II. war für Modernisierungen zu begeistern und initiierte viele Bauvorhaben. Entschlossen, Belgien als Kolonialmacht zu stärken, schuf und regierte er Belgisch-Kongo. Seine Herrschaft über die koloniale Besitzung war jedoch brutal – Millionen Menschen starben in dem Land.

Parc du Cinquantenaire

⑦ Parc du Cinquantenaire
Karte H4 ▪ **Musées royaux d'Art et d'Histoire: Parc du Cinquantenaire 10; +32 (0)2 741 7331; Di – Fr 9.30 – 17 Uhr, Sa, So & Feiertage 10 – 17 Uhr; www.kmkg-mrah.be** ▪ **Musée Royal de l'Armée: Parc du Cinquantenaire 3; +32 (0)2 737 7833; Di – So 9 – 17 Uhr; Eintritt; www.klm-mra.be** ▪ **Autoworld: Parc du Cinquantenaire 11; +32 (0)2 736 4165; tägl. 10 – 17 Uhr (Sa & So bis 18 Uhr); Eintritt; www.autoworld.be**

Den Bau der imposanten Gebäude beauftragte Léopold II. in der Absicht, im Jahr 1880 den 50. Jahrestag der Gründung Belgiens mit einer internationalen Ausstellung zu feiern *(siehe S. 51)*. Heute beherbergen die historischen und modernen Bauten im Parc du Cinquantenaire u. a. die Musées royaux d'Art et d'Histoire mit antiken Artefakten aus aller Welt, das der Militärgeschichte gewidmete Musée Royal de l'Armée und das Museum Autoworld, das eine Oldtimer-Sammlung präsen-

tiert. Im Park befindet sich auch das Atelier de Moulage, das Abgüsse von Statuen aus mehreren Jahrtausenden besitzt. Der von Victor Horta entworfene klassizistische Pavillon Horta im Parc du Cinquantenaire beherbergt ein Relief von Jef Lambeau (1852 – 1908).

⑧ Europäisches Parlament & Parlamentarium
Europäisches Parlament (Plenaarsaal): Karte F5; Rue Wiertz 60; Mo – Fr 9 – 17 Uhr (Fr bis 13 Uhr); an arbeitsfreien Tagen des Parlaments geschl.; www.europarl.europa.eu ▪ **Parlamentarium: Karte F5; Rue Wiertz 60; +32 (0)2 283 2222; Mo 13 – 18 Uhr, Di – Fr 9 – 18 Uhr, Sa & So 10 – 18 Uhr; www.europarl. europa.eu** ▪ **Maison de l'histoire européenne: Karte F4; Rue Belliard 135; Mo 13 – 18 Uhr, Di – Fr 9 – 18 Uhr, Sa & So 10 – 18 Uhr; www.europarl.europa. eu**

Ein Besuch des Parlaments macht die oft allzu komplex erscheinende europäische Politik nachvollziehbar.

Europäisches Parlament

Für die Besichtigung sind Multimedia-Guides in 24 Sprachen erhältlich. Im Parlamentarium vermittelt ein 360°-Kino Einblick in die Arbeit der Abgeordneten, eine interaktive Karte führt in die Mitgliedsstaaten der EU. Das Maison de l'histoire européenne informiert über die Geschichte des Staatenverbunds. Im Plenarsaal können Besucher Debatten beiwohnen.

⑨ Musée Meunier

Karte G2 ▪ Rue de l'Abbaye 59, Ixelles ▪ +32 (0)2 648 4449 ▪ Di – Fr 10 – 12 Uhr & 12.45 – 17 Uhr ▪ www.fine-arts-museum.be

Der Bildhauer und Maler Constantin Meunier (1831–1905) ist für seine Bronzestatuen von Arbeitern – vor allem von Schmieden (puddleurs) – bekannt. Das in dem ehemaligen Wohnhaus des Künstlers untergebrachte Museum präsentiert einige herausragende Werke.

L'inhumation précipitée, Antoine Wiertz

⑩ Musée Wiertz

Karte F5 ▪ Rue Vautier 62, Ixelles ▪ +32 (0)2 648 1718 ▪ Di – Fr 10 – 12 Uhr & 12.45 – 17 Uhr ▪ www.fine-arts-museum.be

Das Museum befindet sich in dem großen Atelier, das Leopold I. auf Staatskosten für Antoine Wiertz (1806–1865) erbauen ließ, um dem Künstler die Arbeit an Monumentalgemälden zu ermöglichen. Neben großformatigen Werken sind kleine Porträts, Selbstporträts und andere Arbeiten ausgestellt. Die Werke des Künstlers wurden im 19. Jahrhundert äußerst kontrovers diskutiert. Heute sorgen die makabren Bilder und der moralisierende Ansatz oft für Verwunderung und Heiterkeit.

Spaziergang

▶ Vormittag

Ziehen Sie bequemes Schuhwerk an – die Wegstrecke beträgt etwa fünf Kilometer und beinhaltet viele Museumsbesuche. Sie sollten den Spaziergang nicht unbedingt an einem Montag machen, wenn die meisten Museen geschlossen haben. Starten Sie an der **Métro-Station Schuman** mitten im Europa-Viertel, nahe dem Justus-Lipsius-Gebäude. Auf der Rue Archimède gelangen Sie zur **Maison Saint-Cyr** *(siehe S. 48)* am Square Ambiorix – das Gebäude zeugt von der Tendenz zur Übertreibung, die dem Art nouveau innenwohnt. Wenn Sie den Abstecher vermeiden möchten, begeben Sie sich direkt zu den Museen im **Parc du Cinquantenaire**. Stärken Sie sich danach in einem der Cafés oder Restaurants an der **Place Jourdan**.

Nachmittag

Spazieren Sie über die Place Léopold zum **Musée Wiertz**. Machen Sie sich nach dem Museumsbesuch auf den Weg zum 1,5 Kilometer entfernten **Café Belga** *(siehe S. 87)* im ehemaligen Rundfunkhaus aus den 1930er Jahren. Besichtigen Sie danach das **Musée Meunier**, alternativ können Sie im **Parc Tenbosch** entspannen. Für den Weg zum **Musée Horta** benötigen Sie zehn Minuten. Kehren Sie mit der Tram zurück oder spazieren Sie durch das Viertel mit den Art-nouveau-Häusern *(siehe S. 48f)* zum Restaurant **Le Clan des Belges** *(siehe S. 87)*.

Siehe Karte S. 82f ➜

Dies & Das

① Musée René Magritte
Karte F1 ▪ Rue Esseghem 137
▪ +32 (0)2 428 2626 ▪ Mi–So 10–18 Uhr
▪ Eintritt ▪ www.magrittemuseum.be
Das einstige Wohnhaus von René
Magritte ist heute ein Museum.

② Musée du Tram
Karte G2 ▪ Ave de Tervueren
364b, Woluwe-Saint-Pierre ▪ +32 (0)2
515 3108 ▪ variierende Öffnungszeiten
▪ Eintritt ▪ www.trammuseum.brussels
Das Straßenbahnmuseum präsentiert viele historische Wagen.

③ Béguinage d'Anderlecht
Karte F2 ▪ Rue du Chapelain 8
▪ +32 (0)2 521 1383 ▪ Di–So 10–
18 Uhr ▪ Eintritt ▪ www.erasmushouse.
museum
Das Wohnanlage der religiösen Lai-
engemeinschaft birgt ein Museum.

Serres Royales de Laeken

④ Serres Royales de Laeken
Karte G1 ▪ Ave du Parc Royal
(Domaine Royal) ▪ 3 Wochen im Früh-
jahr ▪ Eintritt ▪ www.monarchie.be
Die Königlichen Gewächshäuser in
Laeken bezaubern jeden Besucher.

⑤ Maison d'Érasme
Karte F2 ▪ Rue de Formanoir 31,
Anderlecht ▪ +32 (0)2 521 1383
▪ Di–So 10–18 Uhr (nach Anmeldung)
▪ Eintritt ▪ www.erasmushouse.
museum
In dem roten Backsteinhaus, in dem
Erasmus von Rotterdam im Jahr
1521 weilte, informieren Ausstel-
lungen über den Universalgelehrten.

Institut Royal des Sciences naturelles

⑥ Institut Royal des Sciences naturelles de Belgique
Karte F5 ▪ Rue Vautier 29 ▪ Di–Fr
9.30–17 Uhr, Sa & So 10–18 Uhr
▪ Eintritt ▪ www.naturalsciences.be
Das Museum des Instituts bietet
spannende Ausstellungen.

⑦ Basilique Nationale du Sacré-Cœur
Karte F1 ▪ Parvis de la Basilique 1,
Ganshoren ▪ +32 (0)2 421 1660
▪ Kuppel: Sommer: tägl. 9–17.30 Uhr;
Winter: tägl. 10–16.30 Uhr; Kirche:
Sommer: tägl. 8–18 Uhr; Winter: tägl.
8–17 Uhr ▪ Eintritt (nur für Kuppel)
Die Aussicht von der Kuppel des
Art-déco-Bauwerks ist grandios.

⑧ Cantillon
Karte A4 ▪ Rue Gheude 56,
Anderlecht ▪ +32 (0)2 521 4928
▪ Mo–Sa 10–16 Uhr ▪ Eintritt
▪ www.cantillon.be
Die Brauerei ist traditionsreich.

⑨ Maison Autrique
Karte G2 ▪ Chaussée de Haecht
266, Schaerbeek ▪ +32 (0)2 215 6600
▪ Mi–So 12–18 Uhr ▪ Eintritt ▪ www.
autrique.be
Das Wohnhaus war die erste große
Arbeit von Victor Horta *(siehe S. 54)*.

⑩ Africa Museum
Karte H2 ▪ Leuvensesteenweg
13, Tervuren ▪ +32 (0)2 769 5200
▪ Di–Fr 10–17 Uhr, Sa & So 10–18 Uhr
▪ Eintrit ▪ www.africamuseum.be
Das Museum bietet erstklassige
Ausstellungen *(siehe S. 64)*.

Siehe Karte S. 82f

Restaurants, Cafés & Bars

Preiskategorien
Preis für ein Drei-Gänge-Menü pro Person mit einer halben Flasche Wein, inkl. Steuern und Service.

€ unter 40 € ■ €€ 40 – 60 € ■ €€€ über 60 €

(1) La Porteuse d'Eau
Karte A6 ■ Jean Volders 48, Saint-Gilles ■ +32 (0)2 537 6646 ■ Mo geschl. ■ www.laporteuse.eu ■ €
In der Brasserie mit herrlichem Art-nouveau-Flair werden zu Gerichten wie *Steak-frites* und *moules marinières* Bier und Wein ausgeschenkt.

(2) La Quincaillerie
Karte G2 ■ Rue du Page 45, Ixelles ■ +32 (0)2 533 9833 ■ Sa mittags & Mo geschl. ■ www.quincaillerie.be ■ €€
Das Art-nouveau-Interieur der umgebauten Eisenwarenhandlung und die guten Speisen entschädigen für den zuweilen langsamen Service.

(3) Le Chapeau Blanc
Karte F2 ■ Rue Wayez 200, Anderlecht ■ +32 (0)2 520 0202 ■ Mo geschl. ■ €€
Die in der bezaubernden Brasserie servierten Muscheln, Austern und Steaks sind hervorragend.

(4) L'Ultime Atome
Karte D5 ■ Rue St-Boniface 14, Ixelles ■ +32 (0)2 513 4884 ■ www.ultimeatome.be ■ €€
Einheimische schätzen die Craftbeer-Sorten, Weine und Cocktails.

(5) Rouge Tomate
Karte C6 ■ Ave Louise 190, Ixelles ■ +32 (0)2 647 7044 ■ Sa mittags & So geschl. ■ €€
Die mediterranen Gerichte sind auch für Vegetarier ein Genuss.

(6) Le Balmoral
Karte G2 ■ Place Georges Brugmann 21, Ixelles ■ +32 (0)2 347 0882 ■ Mo & Di geschl. ■ www.lebalmoral.be ■ €
Das Lokal im Stil eines amerikanischen Diners lockt mit leckeren Hamburgern und Milchshakes.

(7) La Canne en Ville
Karte G2 ■ Rue de la Réforme 22, Ixelles ■ +32 (0)2 347 2926 ■ Sa mittags, So & Mo (Juli & Aug: Sa & So) geschl. ■ www.lacanneenville.be ■ €€€
Das Restaurant in einer umgebauten Metzgerei bietet französische Küche.

(8) Café Belga
Karte G2 ■ Place Eugène Flagey 18, Ixelles ■ +32 (0)2 640 3508 ■ www.cafebelga.com ■ €
Das schicke Café im Bâtiment Flagey, dem einstigen Sitz der flämischen Rundfunkanstalt, lockt ein junges Publikum an. Es ist auch Veranstaltungsort von Konzerten.

(9) Moeder Lambic
Karte G2 ■ Rue de Savoie 68, Saint-Gilles ■ +32 (0)2 544 1699 ■ www.moederlambic.com ■ €
In der netten Kneipe werden rund 450 Biersorten ausgeschenkt.

(10) Le Clan des Belges
Karte D6 ■ Rue de la Paix 20, Ixelles ■ +32 (0)2 511 1121 ■ www.leclan desbelges.com ■ €
Einheimische schätzen die in der Brasserie servierten belgischen Gerichte.

L'Ultime Atome

TOP10 Brügge

Brügge war im Mittelalter eine der reichsten Städte Europas. Der Wohlstand basierte auf dem Handel mit Seide, Pelzen, Teppichen, Wein, Früchten und exotischen Tieren. Im 16. Jahrhundert versandte der Fluss Zwin, der Zugang zur Nordsee – die Stadt wurde bedeutungslos. Armenhäuser und kirchliche Einrichtungen versorgten die Mittellosen, die Spitzenklöppelei bot einigen Arbeit. Im 19. Jahrhundert wurde Brügges historisches Erbe wiederentdeckt. Heute locken Hotels, Restaurants, Bars und Kunstsammlungen.

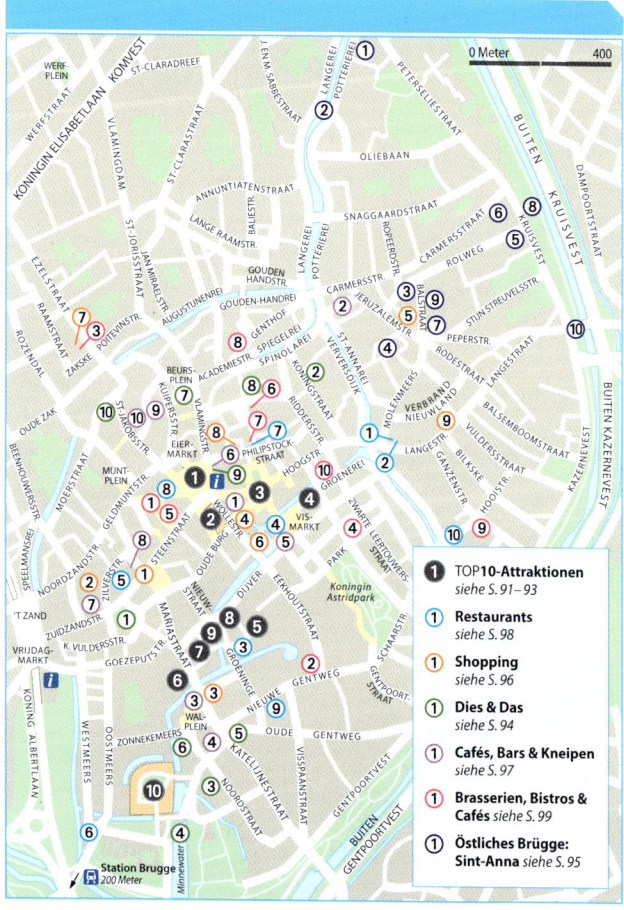

TOP10-Attraktionen
siehe S. 91–93

Restaurants
siehe S. 98

Shopping
siehe S. 96

Dies & Das
siehe S. 94

Cafés, Bars & Kneipen
siehe S. 97

Brasserien, Bistros & Cafés siehe S. 99

Östliches Brügge:
Sint-Anna siehe S. 95

Vorherige Doppelseite Restaurants am abendlichen Markt, Brügge

Zunfthäuser mit Stufengiebeln säumen den Markt

1 Markt
Karte K4

An dem zentralen Platz der Stadt sind viele mittelalterliche Gebäude erhalten, darunter wunderschöne Zunfthäuser mit Stufengiebeln. Der Provinciaal Hof an der Ostseite stammt aus dem späten 19. Jahrhundert. Das Historium im linken Flügel des Gebäudes lässt in einer Multimedia-Show das Mittelalter wiederaufleben *(siehe S. 94)*. Auf dem Platz wird jeden Mittwochvormittag ein Markt abgehalten. Im Dezember ist er Schauplatz eines Weihnachtsmarkts mit Eislaufbahn.

2 Belfort
Karte K4 ▪ Markt 7 ▪ +32 (0)50 448 743 ▪ Apr–Okt: tägl. 9–20 Uhr; Nov–März: So–Fr 10–18 Uhr, Sa 9–20 Uhr ▪ Eintritt ▪ www.musea brugge.be

Wer die 366 Stufen zur Spitze des Clockenturms erklimmt, genießt eine herrliche Aussicht auf die mittelalterlichen Gassen der Stadt. Das Spiel der 47 Glocken wird durch einen 1748 installierten Mechanismus gesteuert oder per Klaviatur vom städtischen *beiaardier*, dem – wie es scherzhaft heißt – bestbezahlen Beamten der Stadt.

3 Burg
Der von prächtigen Bauwerken gesäumte Platz ist das historische Zentrum Brügges *(siehe S. 28f)*.

4 Steenhouwersdijk & Groenerei
Karte L4

An dem malerischen Abschnitt südlich der Burg, an dem der Steenhouwersdijk (»Deich der Steinmetze«) zum Groenerei (»Grüner Kanal«) wird, spiegeln sich die mittelalterlichen Brücken und Gebäude im Wasser. Das Godshuis de Pelikaan am Groenerei wurde 1714 erbaut. Der Name des Armenhauses geht auf das christliche Symbol der Nächstenliebe zurück.

Steenhouwersdijk

5 Groeningemuseum
Das kleine Museum beherbergt eine der bedeutendsten Kunstsammlungen Nordeuropas. Die aus dem Spätmittelalter datierenden Werke stammen von flämischen Meistern wie Jan van Eyck und Hans Memling *(siehe S. 30f)*.

⑥ Sint-Janshospitaal

Das Sint-Janshospitaal zählte zu den wichtigsten Auftraggebern des flämischen Meisters Hans Memling (1435–1494). Das schön restaurierte mittelalterliche Gebäude birgt eine faszinierende Mischung aus kostbaren Artefakten, Gemälden und historischen medizinischen Exponaten sowie eine Apotheke aus dem 15. Jahrhundert. Unbestreitbarer Höhepunkt des Museums, das man mit Audioführer erkunden kann (mit der Eintrittskarte erhältlich), ist die Sammlung von Memlings Werken in der Kapelle *(siehe S. 30f)*.

⑦ Onze-Lieve-Vrouwekerk

Karte K5 ▪ **Mariastraat** ▪ tägl. 9.30 – 17 Uhr (So ab 13.30 Uhr) ▪ Eintritt (nur für Museum ▪ www.museabrugge.be

Der Turm der Kirche zählt zu den Wahrzeichen von Brügge. Das Bauwerk, das ab 1220 in mehr als zwei Jahrhunderten errichtet wurde, vereint verschiedene Stilrichtungen: Das Äußere ist im strengen Stil der Schelde-Gotik gestaltet. Im überwiegend gotischen Innenraum zeigen Statuen und die kunstvoll verzierte Kanzel (1743) den Stil des Barock. Zu den bedeutendsten Kunstschätzen in der Onze-Lieve-Vrouwekerk gehört die aus Carrara-Marmor gefertigte Statue *Madonna mit Kind* (1504/05)

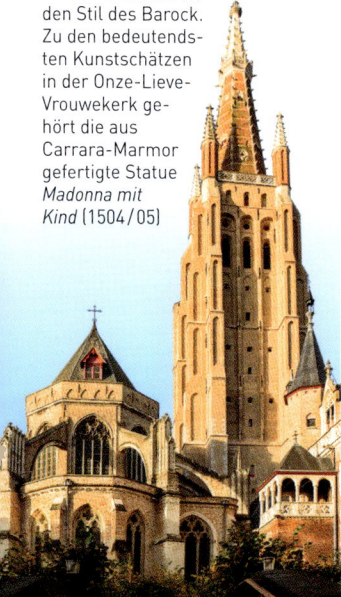

von Michelangelo. Sie ist eindrucksvolles Zeugnis der engen Verbindung Brügges mit dem Italien der Renaissance. Die Statue ist das einzige Werk Michelangelos, das zu Lebzeiten des Künstlers Italien verließ. Im Museum der Kirche sind die mit vergoldeten Messingbeschlägen versehenen Sarkophage von Karl I. dem Kühnen (1433–1477), Herzog von Burgund, und dessen Tochter Maria (1457–1482) zu sehen.

⑧ Arentshuis

Karte K4 ▪ **Dijver 16**

Das Gebäude war ursprünglich Teil des Gruuthuse. 1662 wurde es abgetrennt, Ende des 18. Jahrhunderts erhielt es sein heutiges Erscheinungsbild. Lange Zeit beherbergte das Herrenhaus eine Sammlung von Werken des Malers Frank Brangwyn (1867–1956), die der Künstler seiner Geburtsstadt vermacht hatte. Frank Brangwyns Sohn William Curtis Brangwyn (1837–1907) gehörte zu der Gruppe von britischen Künstlern und Architekten, die Brügges gotische Pracht wiederherstellten.

Onze-Lieve-Vrouwekerk

⑨ Gruuthusemuseum

Karte K4 ■ Dijver 17c ■ +32
(0)50 448 743 ■ Di – So 9.30 – 17 Uhr
■ Eintritt ■ www.museabrugge.be

Die aus den mittelalterlichen Wohnhäusern von Kaufleuten zusammengetragenen Exponate, darunter Küchenutensilien, Möbel, Textilien, Musikinstrumente und Waffen, verdeutlichen, wie man in Brügge in den vergangenen Jahrhunderten lebte. Das prächtige Palais (15. Jh.) gehörte den Herren von Gruuthuse, die durch das Recht, auf die beim Bierbrauen verwendete Kräutermischung *gruut* Steuern zu erheben, Reichtum erlangt hatten. Als Zeichen ihres Ansehens versahen sie das Palais mit einer prächtigen Galerie, die auf den Chor der Onze-Lieve-Vrouwekerk gerichtet ist.

Gruuthusemuseum

⑩ Begijnhof

Karte K5 ■ Wijngaardstraat
■ Gelände: tägl. 6.30 – 18.30 Uhr;
Begijnhuisje: tägl. 10 – 17 Uhr
■ Eintritt (nur für Begijnhuisje)

In der wunderschönen Anlage war von 1245 bis 1928 einen Gemeinschaft von *béguines* beheimatet. Die weiß getünchten Häuser, die einen hübschen, von Bäumen beschatteten Park umgeben, stammen aus dem 17. und 18. Jahrhundert. Sie werden heute von Benediktinerinnen bewohnt. Besucher können die Außenanlagen, die Kirche und das Begijnhuisje besichtigen, das als Museum dient.

Spaziergang

▶ Vormittag

Spazieren Sie von der **Burg** auf der Blinde Ezelstraat Richtung Süden und schlendern Sie an den Kanälen **Steenhouwersdijk** und **Groenerei** entlang. Über den Huidenvettersplein erreichen Sie die Straße **De Dijver**, die einen herrlichen Blick auf die Stadt bietet. An der **Onze-Lieve-Vrouwekerk** vorbei kommen Sie zu Mariastraat und Katelijnestraat. Bei einer Pause im Café **De Proeverie** *(siehe S. 97)* können Sie köstliche heiße Schokolade genießen. Folgen Sie anschließend der Wijngaardstraat zum **Begijnhof**. Der Spaziergang führt weiter um den **Minnewater** *(siehe S. 94)* zurück zur Katelijnestraat. An der Straße stehen ehemalige Armenhäuser (Nr. 87–101 und 79 – 83). Für ein Mittagessen empfiehlt sich **De Gouden Karpel** *(siehe S. 98)* am **Vismarkt**.

Nachmittag

Erkunden Sie den **Markt**, bevor Sie der Vlamingstraat folgen. In den Häusern am **Beursplein** hatten einst ausländische Händler ihren Sitz – Nr. 33 an der Vlamingstraat gehörte den Genuesern. Das Haus birgt heute das **Frietmuseum** *(siehe S. 94)*. Gehen Sie ein Stück weit am **Langerei**, dem nach **Damme** *(siehe S. 69)* führenden Kanal, entlang, wo man einst Waren von Schiffen auf Kanalboote lud. Auf dem Rückweg auf der Sint-Jakobsstraat lohnt sich ein Abstecher zu **'t Brugs Beertje** *(siehe S. 97)*, das eine große Bierauswahl bietet.

Siehe Karte S. 90 ⇦

Dies & Das

(1) Sint-Salvatorskathedraal

Karte K4 ▪ Steenstraat ▪ +32 (0)50 336 188 ▪ Mo–Sa 10–13 Uhr & 14–17.30 Uhr (Sa bis 15.30 Uhr), So 14–17 Uhr ▪ www.sintsalvators kathedraal.be

Barocke Gobelins und neugotische Buntglasfenster schmücken die Kirche.

(2) Sint-Walburgakerk

Karte L3 ▪ Sint-Maartensplein ▪ tägl. 11–18 Uhr (Jan–März: Fr–Mo)

Die von 1619 bis 1643 erbaute Jesuitenkirche zeigt mit schwarz-weißem Marmor und einer mit Schnitzereien verzierten Holzkanzel prächtigen Barock.

(3) Godshuis De Vos

Karte K5 ▪ Noordstraat 2–8

Die weiß getünchten ehemaligen Armenhäuser (godshuizen) der Stadt sind mit Namen und Daten gekennzeichnet. Das Godshuis De Vos stammt aus dem Jahr 1643.

Schwäne auf dem Minnewater

(4) Minnewater

Karte K6

Den malerischen See ließ eine Schleuse im Fluss Reie entstehen. Im Mittelalter lag hier ein Hafen.

(5) Diamantmuseum

Karte K5 ▪ Katelijnestraat 43 ▪ +32 (0)50 342 056 ▪ tägl. 10.30–17.30 Uhr; 2. & 3. Woche im Jan geschl. ▪ Eintritt ▪ www.diamondmuseum.be

Das Museum informiert über die Geschichte des Diamantenhandels.

(6) Huisbrouwerij De Halve Maan

Karte K5 ▪ Walplein 26 ▪ +32 (0)50 444 222 ▪ Führungen: tägl. 11–16.15 Uhr (Sa bis 17 Uhr); Onlinebuchung erforderlich ▪ Eintritt ▪ www.halvemaan.be

In der 1856 gegründeten Brauerei wird die Kunst des Bierbrauens erläutert.

Biere der
Huisbrouwerij
De Halve Maan

(7) Frietmuseum

Karte K3 ▪ Vlamingstraat 33 ▪ +32 (0)50 340 150 ▪ tägl. 10–17 Uhr ▪ Eintritt ▪ www.frietmuseum.be

Das Museum beleuchtet die belgische Leidenschaft für *frites*.

(8) Choco-Story

Karte L3 ▪ Wijnzakstraat 2 ▪ +32 (0)50 612 237 ▪ tägl. 10–17 Uhr ▪ Eintritt ▪ www.choco-story-brugge.be

In dem Museum in einer umgebauten Taverne aus dem 15. Jahrhundert erhalten Besucher einen Einblick in die Herstellung der berühmten belgischen Schokoladen.

(9) Historium

Karte K4 ▪ Markt 1 ▪ +32 (0)50 270 311 ▪ tägl. 11–19 Uhr ▪ Eintritt ▪ www.historium.be

Die Multimedia-Show lässt anhand der Geschichte einer jugendlichen Romanze das mittelalterliche Brügge wieder aufleben.

(10) Sint-Jakobskerk

Karte K3 ▪ Sint-Jakobsplein 1 ▪ tägl. 13–17 Uhr

Die reichste Pfarrkirche der Stadt birgt Gemälde großer Meister und kunstvoll gearbeitete Grabmale.

➜ Siehe Karte S. 90

Östliches Brügge: Sint-Anna

1 Onze-Lieve-Vrouw ter Potterie

Karte L1 ▪ Potterierei 79 ▪ +32 (0)50 448 743 ▪ Fr–So 9.30–12.30 Uhr & 13.30–17 Uhr ▪ Eintritt ▪ www.museabrugge.be

Das charmante kleine Museum im Sint-Janshospitaal lockt mit Kostbarkeiten, Kuriositäten und einer Barockkapelle.

2 Duinenbrug

Karte L2

Die Duinenburg ist ein Nachbau (1976) einer der Zugbrücken, die einst in Brügge die Kanäle überspannten.

3 Volkskundemuseum

Karte L3 ▪ Balstraat 43 ▪ +32 (0)50 448 743 ▪ Di–So 9.30–17 Uhr (Nov–März: Mi–So) ▪ Eintritt ▪ www.museabrugge.be

Die auf acht Armenhäuser (17. Jh.) verteilten Sammlungen werden anschaulich präsentiert.

4 Sint-Annakerk

Karte L3 ▪ Sint-Annaplein ▪ tägl. 11–18 Uhr (Jan–März: Di–Do)

Die nach dem Wüten der Bilderstürmer sorgsam restaurierte, an einem ruhigen Platz gelegene Kirche weist barocke Zierelemente auf.

5 Gezellehuis

Karte M2 ▪ Rolweg 64 ▪ +32 (0)50 448 743 ▪ Di–So 9.30–17 Uhr ▪ Eintritt ▪ www.museabrugge.be

Das einstige Wohnhaus von Guido Gezelle (1830–1899), einem der bedeutendsten flämischen Dichter, ist heute ein Museum.

6 Koninklijke Hoofdgilde Sint-Sebastiaan

Karte M2 ▪ Carmersstraat 174 ▪ +32 (0)50 331 626 ▪ nach Anmeldung ▪ Eintritt ▪ www.sebastiaansgilde.be

Im historischen Zunfthaus der Bogenschützen ist noch heute ein Schützenverein ansässig.

7 Jeruzalemkerk

Karte L3 ▪ Peperstraat 3 ▪ +32 (0)50 338 883 ▪ Mo–Sa 10–17 Uhr (Apr–Sep: Sa bis 18 Uhr) ▪ Eintritt ▪ www.adornes.org

Der Bau der Privatkapelle im 15. Jahrhundert wurde durch Wallfahrten nach Jerusalem inspiriert.

8 Sint-Janshuismolen

Karte M2 ▪ Kruisvest ▪ +32 (0)50 448 743 ▪ Apr–Nov: Di–So 9.30–12.30 Uhr & 13.30–17 Uhr ▪ Eintritt ▪ www.museabrugge.be

Eine der vier noch in Betrieb befindlichen Windmühlen Brügges kann besichtigt werden.

9 Kantcentrum

Karte L3 ▪ Balstraat 16 ▪ +32 (0)50 330 072 ▪ Mo–Sa 9.30–17 Uhr ▪ Eintritt ▪ www.kantcentrum.eu

Das Zentrum informiert über die Geschichte der Spitzenklöppelei in Brügge. Nachmittags finden Vorführungen statt.

10 Kruispoort

Karte M3

Das Stadttor ist eines von vieren, die in Brügge erhalten geblieben sind.

Kruispoort

Shopping

 Steenstraat & Zuidzandstraat

Karte K4

Mode, Schuhe, Schokolade – in dem Shoppingviertel zwischen Markt und 't Zand ist fast alles zu haben.

Steenstraat

 Zilverpand

Karte K4

Unter den Arkaden zwischen Zuidzandstraat und Noordzandstraat reihen sich Modeboutiquen.

 Sukerbuyc

Karte K5 ■ Katelijnestraat 5

Der Name der familiengeführten Chocolaterie, die hausgemachte Schokoladen verkauft, bedeutet »Zuckerbauch«.

 The Bottle Shop

Karte K4 ■ Wollestraat 13

Der Laden bietet die beiden von der Huisbrouwerij De Halve Maan (siehe S. 94) produzierten Sorten Brugse Zot und Straffe Hendrik sowie viele weitere belgische Biere an.

 't Apostolientje

Karte L3 ■ Balstraat 11

1840 waren in Brügge rund 10 000 Klöpplerinnen tätig, heute sind Spitzen eine Rarität. 'T Apostolientje ist traditioneller als die Läden an der Breidelstraat zwischen Markt und Burg, die die Waren verkaufen.

 2be

Karte L4 ■ Wollestraat 53

Der Laden im ehemaligen Haus (15. Jh.) eines Bürgermeisters verkauft Bier, Schokolade und Kekse. Die Bar im oberen Stockwerk bietet einen schönen Blick auf den Kanal.

 Huis Van Loocke

Karte L4 ■ Ezelstraat 17

In Brügge gibt es viele Läden für Künstlerbedarf. Das Huis Van Locke wird seit drei Generationen von derselben Familie geführt.

 Antiques van Elsen

Karte K4 ■ Philipstockstraat 13

Der Laden verkauft Sammlerstücke und Kuriositäten aus Belgien und anderen europäischen Ländern.

 Supermärkte

Karte M3 ■ Langestraat 55

In den Vororten gibt es große Supermärkte, im Stadtzentrum einige kleinere, zum Beispiel Smatch.

 **Märkte**

Karte J4, K4 & L4

Auf dem Markt, dem zentralen Platz der Stadt, findet mittwochs, an der Straße 't Zand samstags ein Markt statt. Markt und Simon Stevinplein sind zudem Standorte von Weihnachtsmärkten. Flohmärkte gibt es an den Wochenenden am Dijver und auf dem Vismarkt (nachmittags).

Stände auf einem Flohmarkt

Cafés, Bars & Kneipen

Das von der belgischen Brauerei Duvel betriebene Duvelorium im Historium

(1) De Garre
Karte K4 ■ De Garre 1 (über Breidelstraat) ■ www.degarre.be
Die traditionelle Kneipe *(staminee)* ist für den Ausschank von Starkbier (11 Prozent) bekannt.

(2) Café Vlissinghe
Karte L3 ■ Blekersstraat 2 ■ Mo & Di geschl. ■ www.cafevlissinghe.be
Es heißt, van Dyck traf sich im Café Vlissinghe, das als älteste Taverne Brügges (1515) gilt, mit anderen Malern. Hinter dem Haus gibt es einen Bouleplatz.

(3) De Proeverie
Karte K5 ■ Katelijnestraat 6 ■ Mo geschl. ■ www.sukerbuyc.be
Da das hübsche kleine Café von dem gegenüberliegenden Chocolatier betrieben wird, ist die Spezialität des Hauses heiße Schokolade.

(4) Yesterday's World
Karte K5 ■ Wijngaardstraat 6 +32 (0)4 7645 8542
In der nahe dem Begijnhof gelegenen Kneipe mit Cafébetrieb gibt es Antiquitäten und Nippes zu kaufen.

(5) Wijnbar Est
Karte L4 ■ Braambergstraat 7 ■ +32 (0)478 450 555 ■ Di–Do geschl.
Die Weinbar in einem kleinen Backsteinhaus bietet auch Snacks. Samstags ab 20 Uhr gibt es Livejazz.

(6) Duvelorium
Karte K4 ■ Markt 1 ■ www.historium.be
Die Bar im Historium *(siehe S. 94)* schenkt belgisches Bier aus. Von der Terrasse blickt man auf den Markt.

(7) Joey's Café
Karte K4 ■ Zilversteeg 4 ■ +32 (0)50 341 264 ■ So geschl.
In der netten Café-Bar finden gelegentlich kostenlose Konzerte statt.

(8) 't Brugs Beertje
Karte K4 ■ Kemelstraat 5 ■ Mi geschl. ■ www.brugsbeertje.be
In dem Bierlokal werden etwa 300 Sorten ausgeschenkt. Auch die in Brügge produzierten Biere Brugse Zot und Straffe Hendrik gehören zum Angebot.

(9) Le Trappiste
Karte K3 ■ Kuipersstraat 33 ■ www.letrappistebrugge.com
In der Bar in einem Kellergewölbe aus dem 13. Jahrhundert kann man viele Craftbeer-Sorten frisch gezapft genießen.

(10) De Republiek
Karte K3 ■ Sint-Jakobsstraat 36 ■ +32 (0)50 734 764
In der Bar mit wunderschönem historischem Ambiente sorgt das junge Personal für frischen Schwung. Die Cocktails sind zu empfehlen.

Siehe Karte S. 90

Restaurants

① Zet' Joe
Karte L3 ▪ Langestraat 11
▪ +32 (0)50 338 259 ▪ So & Mo geschl.
▪ www.zetjoe.be ▪ €€€
Das Lokal mit belgischer Küche betreibt der Starkoch Geert van Hecke.

② Rock Fort
Karte L3 ▪ Langestraat 15
▪ +32 (0)50 334 113 ▪ Mi mittags, Sa &
So geschl. ▪ www.rock-fort.be ▪ €€€
Das Restaurant in einem historischen Haus bietet moderne Küche.

③ Den Gouden Harynck
Karte L5 ▪ Groeninge 25 ▪ +32
(0)50 337 637 ▪ Sa mittags, So & Mo
geschl. ▪ www.goudenharynck.be
▪ €€€
Für einen Besuch des Restaurants
in einem Haus aus dem 17. Jahrhundert mus man frühzeitig reservieren.

④ Den Gouden Karpel
Karte L4 ▪ Huidenvettersplein 4
▪ +32 (0)50 333 494 ▪ So (Juli & Aug:
nur abends) & Mo geschl. ▪ www.
dengoudenkarpel.be ▪ €€€
Das Fischrestaurant ist exzellent.

⑤ Patrick Devos
Karte K4 ▪ Zilverstraat 41 ▪ +32
(0)50 335 566 ▪ Mi abends, Sa mittags,
So geschl. ▪ www.patrickdevos.be
▪ €€€
Der Küchenchef kredenzt kreative
Gerichte in elegantem Ambiente.

Tische im Freien, De Stoepa

⑥ De Stoepa
Karte K5 ▪ Oostmeers 124
▪ +32 (0)50 330 454 ▪ Mo geschl.
▪ www.stoepa.be ▪ €
Das Café mediterranen Stils serviert
mittags *tapas*, Salate und Suppen.

⑦ Assiette Blanche
Karte L4 ▪ Philipstockstraat
23–25 ▪ +32 (0)50 340 094 ▪ Mi & Do
geschl. ▪ www.assietteblanche.be
▪ €€€
Die einzelnen Gänge der Menüs werden von passenden Bieren begleitet.

⑧ Den Amand
Karte K4 ▪ Sint-Amandsstraat 4
▪ +32 (0)50 340 122 ▪ So & Mo geschl.
▪ www.denamand.be ▪ €€
Das kleine Lokal bietet kreative
Speisen mit Aromen aus aller Welt.

⑨ Den Heerd
Karte L5 ▪ Hotel Montanus,
Nieuwe Gentweg 76 ▪ +32 (0)50 354
400 ▪ Mi, So & Feiertage geschl.
▪ www.denheerd.be ▪ €€
Die französischen und belgischen
Gerichte kann man im Sommer auf
der Terrasse genießen.

⑩ Bistro de Schaar
Karte M4 ▪ Hooistraat 2
▪ +32 (0)50 335 979 ▪ Mi & Do geschl.
▪ www.bistrodeschaar.be ▪ €€
Es locken Steaks vom Holzkohlegrill
und hausgemachte Desserts.

Patrick Devos

Brasserien, Bistros & Cafés

Preiskategorien
Preis für ein Drei-Gänge-Menü pro Person mit einer halben Flasche Wein, inkl. Steuern und Service.

€ unter 40 € ▪ €€ 40 – 60 € ▪ €€€ über 60 €

① **Bistro de Pompe**
Karte K4 ▪ Kleine Sint-Amandsstraat 2 ▪ +32 (0)50 692 686 ▪ So abends & Mo geschl. ▪ €€

Das Preis-Leistungs-Verhältnis der an Werktagen mittags angebotenen Gerichte und Salate ist exzellent.

Bistro Christophe

② **Bistro Christophe**
Karte L5 ▪ Garenmarkt 34 ▪ +32 (0)50 344 892 ▪ Mo mittags, Do & Fr geschl. ▪ www.christophe-brugge.be ▪ €€€

Einheimische schätzen die hervorragende belgisch-französische Küche.

③ **Locàle by Kok au Vin**
Karte K3 ▪ Ezelstraat 21 ▪ +32 (0)50 339 521 ▪ So – Di geschl. ▪ www.locale.be ▪ €€

Das gemütliche Bistro serviert köstliche belgische Snacks sowie Platten für mehrere Personen.

④ **Het Paradijs**
Karte L4 ▪ Kruitenbergstraat 11 ▪ +32 (0)50 335 116 ▪ abends, So & Mo geschl. ▪ www.paradijs.net ▪ €

Das Lokal verfolgt das Ziel, wenig Bemittelten preiswerte Speisen anzubieten. Zudem geben die Inhaber Arbeitslosen Ausbildungsplätze. Die Speisekarte wechselt täglich.

⑤ **De Belegde Boterham**
Karte K4 ▪ Kleine Sint-Amandsstraat 5 ▪ +32 (0)50 349 131 ▪ So geschl. ▪ www.debelegdeboterham.be ▪ €

Die »Lunch-Boutique« bietet Sandwiches, Suppen, Salate und Kuchen.

⑥ **Belgian Pigeon House**
Karte L3 ▪ Sint Jansplein 12 ▪ +32 (0)50 661 690 ▪ Mo mittags & Di – Do geschl. ▪ www.belgianpigeonhouse.com ▪ €€

Das auf Grillgerichte spezialisierte Restaurant im Kellergewölbe eines Giebelhauses serviert auch Tauben.

⑦ **De Plaats**
Karte L4 ▪ Wapenmakersstraat 5 ▪ +32 (0)50 660 366 ▪ abends, Sa & So geschl. ▪ €

Das Café im einstigen Wohnhaus des Malers Jacob van Oost lockt mit vegetarischen und veganen Speisen.

⑧ **Blackbird**
Karte L3 ▪ Jan van Eyckplein 7 ▪ +32 (0)50 347 444 ▪ Mo & Di geschl. ▪ www.blackbird-bruges.com ▪ €

Das elegante Café legt mit Salaten und Sandwiches Wert auf gesunde Kost – auch zum Mitnehmen.

⑨ **In't Nieuw Museum**
Karte M4 ▪ Hooistraat 42 ▪ +32 (0)50 331 280 ▪ Mi & Do geschl. ▪ www.nieuw-museum.com ▪ €€

In dem familiengeführten Lokal werden Fleischgerichte in einem Ofen aus dem 17. Jahrhundert zubereitet.

⑩ **BRUUT**
Karte L4 ▪ Meestraat 9 ▪ +32 (0)50 695 509 ▪ Sa & So geschl. ▪ www.bistrobruut.be ▪ €€€

Die exquisite flämische Küche kann man nur mit Reservierung kosten.

Siehe Karte S.90 ➡

🔟 Antwerpen

Exponat im Museum aan de Stroom

Die Stadt an der Schelde ist eines der wichtigsten Handelszentren Nordeuropas. Im 17. Jahrhundert war sie auch ein bedeutendes kulturelles Zentrum. Die Religionskriege im 16. Jahrhundert, der von den Niederlanden 1648 bis 1795 verwehrte Zugang zur Nordsee und der Zweite Weltkrieg brachten schwere Zeiten. Die wechselvolle Geschichte verlieh der für Diamanten bekannten Stadt einen kühnen Schliff, der sich heute in schicken Bars und Clubs widerspiegelt.

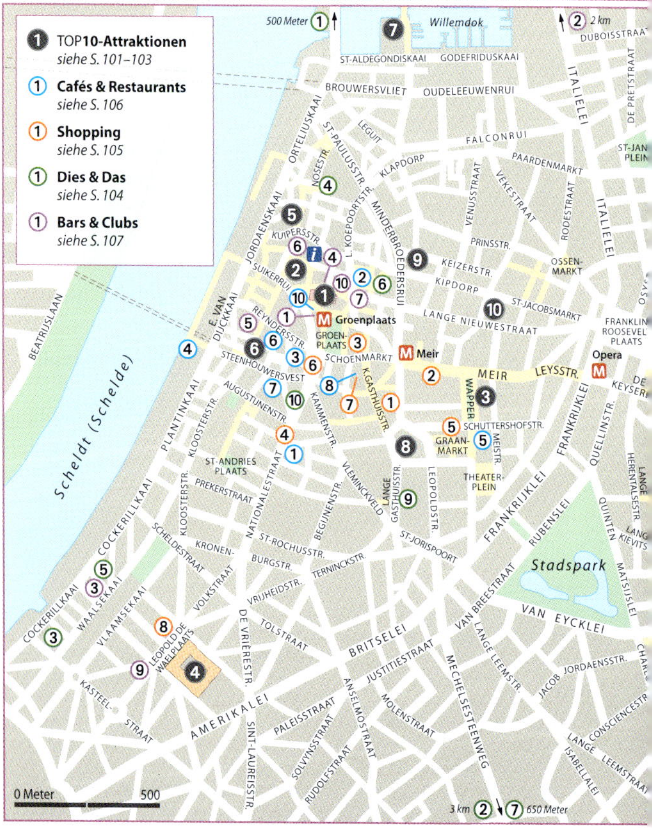

- **1** TOP**10**-Attraktionen
  siehe S. 101–103
- **1** Cafés & Restaurants
  siehe S. 106
- **1** Shopping
  siehe S. 105
- **1** Dies & Das
  siehe S. 104
- **1** Bars & Clubs
  siehe S. 107

① Kathedrale

Das beeindruckende Bauwerk im Stil der Brabanter Gotik beherbergt mehrere Werke von Rubens *(siehe S. 32f)*.

② Grote Markt

Karte T1 ▪ Stadhuis: nur Führungen (Buchungen 3 Wochen im Voraus über das Fremdenverkehrsamt, Grote Markt 1, +32 (0)3 232 0103) ▪ Eintritt

Der Grote Markt in Antwerpen zählt zu den schönsten Plätzen Belgiens. Die Stadt machte aus der eigenartigen Form und der Neigung des Platzes eine Tugend und platzierte den Brunnen des Bildhauers Jef Lam-

Brunnen am Grote Markt

beaux (1852–1908), dessen Wasser direkt aufs Pflaster plätschert, dezentral. Die Brunnenfigur zeigt den römischen Soldaten Brabo, der der Sage nach die Stadt von dem Riesen Druon Antigoon befreite und dessen abgetrennte Hand in den Fluss warf. Der Name Antwerpen *(hand werpen)* wird auf diese Sage zurückgeführt. Das imposanteste Gebäude am Grote Markt ist das Stadhuis (1560).

③ Rubenshuis

Karte U2 ▪ Wapper 9–11 ▪ +32 (0)3 201 1555 ▪ bis 2027 wg. Renovierung geschl. ▪ www.rubenshuis.be

Das prächtige Palais ließ Peter Paul Rubens im 17. Jahrhundert als Wohnstatt erbauen. In dem Gebäude befand sich auch die Werkstatt des Barockmalers.

Rubenshuis

④ Koninklijk Museum voor Schone Kunsten (KMSKA)

Das Museum steht nur den Musées royaux des Beaux-Arts de Belgique *(siehe S. 18f)* in Brüssel nach. Die erstklassige Sammlung beinhaltet Werke von »flämischen Primitiven« und von Symbolisten *(siehe S. 34f)*.

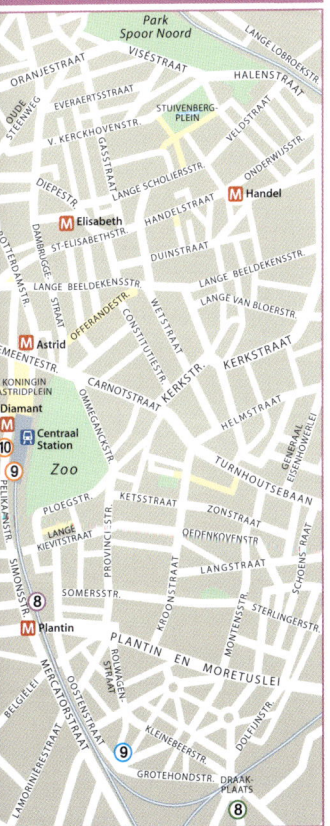

Museum Vleeshuis

⑤ Museum Vleeshuis
Karte T1 ▪ Vleeshouwersstraat
38 ▪ +32 (0)3 292 6101 ▪ Do – So 10 –
17 Uhr ▪ Eintritt ▪ www.museum
vleeshuis.be

Das mit Türmen und gotischen Zierelementen versehene »Fleischhaus« gehört zu den schönsten Bauwerken Antwerpens. Es wurde 1501 bis 1504 als Zunfthaus der Metzger und als Fleischmarkt errichtet. Das heute in dem Gebäude untergebrachte Museum erzählt die Geschichte der Stadt anhand ihrer musikalischen Traditionen. Unter den historischen Musikinstrumenten befinden sich einige von den Ruckers gefertigte Cembali – die Familie zählte zu den führenden Imstrumentenbauern ihrer Zeit. Zudem sind Partituren und eine Glockengießerei zu sehen.

⑥ Museum Plantin-Moretus
Karte T2 ▪ Vrijdagmarkt 22 ▪ +32
(0)3 221 1450 ▪ Di – So 10 – 17 Uhr
▪ Eintritt ▪ www.museumplantin
moretus.be

1546 ließ sich der französische Buchbinder Christoph Plantin (um 1520 – 1589) in Antwerpen nieder. Die von ihm eröffnete Druckerei entwickelte sich zu einem der einflussreichsten Verlage der Spätrenaissance, der u. a. Bibeln, Karten und wissenschaftliche Werke veröffent-

Die Schelde

Der historische Teil Antwerpens liegt am Ostufer der Schelde, die in Nordfrankreich entspringt. Die Vorstädte auf der gegenüberliegenden Seite des breiten Flusses sind über Tunnel zu erreichen. Die Schelde ist so tief, dass an den Docks im Norden der Stadt große Schiffe anlegen können. Dank der Schelde, dem »Tor zur Nordsee«, stieg Antwerpen zur zweitgrößten Hafenstadt Europas auf.

lichte. Das zum UNESCO-Welterbe zählende Museum umfasst die Druckerei und das Wohnhaus Plantins. Es birgt eine große Sammlung seltener und wertvoller Bücher.

⑦ Museum aan de Stroom (MAS)
Karte T1 ▪ Hanzestedenplaats 1
▪ +32 (0)3 338 4400 ▪ Di – So
10 – 17 Uhr ▪ Eintritt ▪ www.mas.be

Das Museum befindet sich in einem auffälligen »Turm« aus rotem Sandstein und Plexiglas. Die ethnografische Ausstellung widmet sich der Geschichte Antwerpens und den Verbindungen der Stadt mit den verschiedensten Ländern in aller Welt.

⑧ Museum Mayer van den Bergh
Karte T2 ▪ Lange Gasthuisstraat 19
▪ +32 (0)3 338 8188 ▪ Di – So
10 – 17 Uhr ▪ Eintritt ▪ www.
museummayervandenbergh.be

Fritz Mayer van den Bergh (1858 – 1891) war ein begeisterter Kunst- und Kuriositätensammler. Nach seinem frühen Tod gründete seine Mutter ein Museum, um die unge-

Museum Mayer van den Bergh

fähr 5000 Objekte umfassende Sammlung von Möbeln, Tapisserien, Elfenbein, Buntglas, Gemälden und Münzen auszustellen.

⑨ Snijders-Rockoxhuis

Karte U1 ▪ Keizerstraat 10–12 ▪ +32 (0)3 201 9250 ▪ Di–So 10–17 Uhr ▪ Eintritt ▪ www. snijdersrockoxhuis.be

Das elegante Patrizierhaus aus dem 17. Jahrhundert ist nach ehemaligen Besitzern benannt. Der Antwerpener Bürgermeister Nicholas Rockox (1560–1640) war ein Mäzen von Peter Paul Rubens. Der Künstler Frans Snijders (1579–1657) bewohnte den angrenzenden Gebäudeteil. Das Haus beherbergt eine sehenswerte Sammlung von Möbeln, Artefakten und Gemälden, darunter einige herausragende Werke von Frans Snijders.

Buntglasfenster in der Sint-Jacobskerk

⑩ Sint-Jacobskerk

Karte U2 ▪ Lange Nieuwstraat 73–75 ▪ +32 (0)48 605 543 ▪ tägl. 14–17 Uhr ▪ Eintritt

Die Sint-Jacobskerk weist unter den Kirchen Antwerpens die prächtigste Ausstattung auf – mit Werken von Lucas Faydherbe, Artus Quellinus, Hendrik Verbruggen und weiteren großen Bildhauern des 17. Jahrhunderts sowie Gemälden von Jordaens, van Dyck und Rubens. Sie birgt auch Rubens' Grab. Die spätgotische Kirche (15./16. Jh.) wurde von den Baumeistern errichtet, die auch die Antwerpener Kathedrale erbauten.

Spaziergang

▶ Vormittag

Der Spaziergang führt zu den wichtigsten Sehenswürdigkeiten und den besten Shoppingmeilen Antwerpens. Bummeln Sie vom **Museum Vleeshuis** zum **Grote Markt** und zur **Kathedrale**, dann weiter zur Wijngaardstraat und zur **Sint-Carolus Borromeuskerk** *(siehe S. 104)*. Anschließend geht es zum **Snijders-Rockoxhuis** in der Keizerstraat. Von dort folgen Sie der Sint-Katelijnevest nach Süden bis zur **Meir**. Auf der rechten Seite ragt der **Boerentoren**, der das Logo des Finanzunternehmens KBC Group trägt. Das Hochhaus war bei seiner Fertigstellung im Jahr 1932 das höchste in Europa. Gehen Sie zum **Rubenshuis**, ehe Sie im prächtigen **Grand Café Horta** *(siehe S. 106)* zum Mittagessen einkehren.

Nachmittag

Nach dem Kulturprogramm locken die Shoppingmeilen der Stadt *(siehe S. 105)*. Starten Sie in der **Schuttershofstraat**, von der es zur Huidevettersstraat, Nieuwe Gaanderij Arcade, Korte Gasthuisstraat und Lombardenvest geht. Südlich davon finden Sie das **Museum Mayer van den Bergh** und das **Maagdenhuismuseum** *(siehe S. 104)*. Sie können aber auch zur Nationalestraat bummeln und Dries van Notens wunderschönem **Het Modepaleis** *(siehe S. 105)* einen Besuch abstatten. Falls Sie dann eine kleine Stärkung nötig haben, gehen Sie ins **Mooy** *(siehe S. 106)* oder zu **Billie's Bier Kafétaria** *(siehe S. 106)*.

Siehe Karte S. 100f

Dies & Das

Exponat im Red Star Line Museum

① Red Star Line Museum
Karte T1 ■ Montevideostraat 3
■ +32 (0)3 298 2770 ■ Di–So 10–
17 Uhr ■ Eintritt ■ www.redstarline.be
Zwischen 1873 und 1934 fuhren
unzählige Familien mit Schiffen der
Reederei Red Star von Antwerpen
nach Nordamerika, um dort ein
neues Leben zu beginnen. Das Museum
widmet sich der Geschichte
der europäischen Migration.

② Middelheimmuseum
Middelheimlaan 61 ■ +32 (0)3
288 3360 ■ variierende Öffnungszeiten
■ www.middelheimmuseum.be
Der Skulpturenpark lockt mit Hunderten
von modernen und zeitgenössischen
Werken.

③ FotoMuseum Provincie Antwerpen (FoMU)
Karte S3 ■ Waalsekaai 47 ■ +32 (0)3
242 9300 ■ Di–So 10–18 Uhr
■ Eintritt ■ www.fomu.be
Die Ausstellungen in dem
Museum für Fotografie
wechseln ständig.

④ Sint-Pauluskerk
Karte T1 ■ Veemarkt 13
■ +32 (0)3 232 3267
■ tägl. 14–17 Uhr
(Nov–März: nur Sa & So)
Die von Gotik und Barock
geprägte Kirche beherbergt
Werke von Rubens und van Dyck.

⑤ Museum van Hedendaagse Kunst (M HKA)
Karte S3 ■ Leuvenstraat 32
■ +32 (0)3 260 9999 ■ Di–So 11–
18 Uhr ■ Eintritt ■ www.mhka.be
Das Museum für zeitgenössische
Kunst ist in einem ehemaligen
Lagerhaus untergebracht.

⑥ Sint-Carolus Borromeuskerk
Karte T1 ■ Hendrik Conscienceplein 12
■ +32 (0)3 231 3751 ■ Mo–Sa 10–
12.30 Uhr & 14–17 Uhr
Die 39 Gemälde von Rubens, die sich
einst in der barocken Kirche befanden,
wurden im Jahr 1718 durch
einen Brand zerstört.

⑦ Stadsbrouwerij De Koninck
Mechelsesteenweg 291 ■ +32 (0)3 866
9690 ■ Di–So 11–17.30 Uhr ■ Eintritt
■ www.dekoninck.be
Die bekannteste Brauerei Antwerpens
bietet ein Besucherzentrum
und Führungen.

⑧ Cogels-Osylei
An der Straße wurden Ende
des 19. Jahrhunderts mehrere
prächtige Gebäude errichtet.

⑨ Maagdenhuismuseum
Karte T3 ■ Lange Gasthuisstraat
33 ■ +32 (0)3 338 2620 ■ Di–So
10–13 Uhr & 14–17 Uhr ■ Eintritt
■ www.maagdenhuis.be
Das Museum in einem ehemaligen
Waisenhaus zeigt
einige Werke Alter Meister.

Haferbreischüssel,
Maagdenhuismuseum

⑩ ModeMuseum MoMu
Karte T2 ■ Nationalestraat 28
■ +32 (0)3 470 2770 ■ Di–So
10–18 Uhr ■ Eintritt
■ www.momu.be
Das der Haute Couture
gewidmete Museum
stellt Mode in den sozialen, politischen
und kulturellen Kontext.

Shopping

1 Nieuwe Gaanderij
Karte T2 ■ zwischen Huidevettersstraat und Korte Gasthuisstraat

In der Passage befinden sich Läden, die Mode zu etwas günstigeren Preisen anbieten als die bekannten Designerboutiquen.

Meir

2 Meir
Karte U2

Die Haupteinkaufsstraße Antwerpens ist autofrei. Sie bietet überwiegend Filialen bekannter Ketten.

3 Grand Bazar
Karte T2 ■ Beddenstraat 2

Das elegante Shoppingcenter ist in einem ehemaligen Kaufhaus untergebracht, das auch das Hotel Hilton Antwerp Old Town beherbergt.

4 Nationalestraat
Karte T2

An der Straße, dem Zentrum der Haute Couture in Antwerpen, liegen viele Boutiquen von international bekannten Designern.

5 Schuttershofstraat
Karte U2

Neben exklusiven Boutiquen und Schuhläden gibt es an der Straße eine Filiale von Delvaux – die luxuriösen Handtaschen des belgischen Herstellers begeistern.

6 Het Modepaleis
Karte T2 ■ Nationalestraat 16

In dem Belle-Époque-Gebäude mit dreieckigem Grundriss befindet sich die größte Filiale des Antwerpener Designers Dries van Noten.

7 Louis
Karte T2 ■ Lombardenstraat 2

Die Boutiqe bot ursprünglich nur Mode von den »Antwerp Six« und anderen etablierten einheimischen Designern an. Heute präsentiert sie auch Stücke von Studenten der Modehochschule, die kurz vor dem Abschluss stehen.

8 Ann Demeulemeester
Karte S3 ■ Leopold de Waelplaats / Verlatstraat

Nur einen Katzensprung vom M HKA *(siehe links)* entfernt präsentiert die Designerin ihre kompromisslose Mode, mit der sie in die Avantgarde der Couture aufstieg.

9 Grand Diamonds
Karte V2 ■ Vestingstraat 69

Die Preise für Diamanten in dem Juwelierladen sind die niedrigsten in ganz Europa. Während des Einkaufs lernt man viel über die Edelsteine.

Diamantenhändler in der Pelikaanstraat

10 Pelikaanstraat
Karte V2

Im jüdischen Viertel sind die Diamantenläden und Juweliere auch deshalb so faszinierend, weil die Edelsteine dort ganz unromantisch als eine Ware wie jede andere gelten.

Siehe Karte S. 100f

Cafés & Restaurants

1 Huis de Colvenier
Karte T2 ▪ Sint-Antoniusstraat 8
▪ +32 (0)477 232 650 ▪ www.colvenier.
be ▪ €€€
Ein Besuch des edlen Restaurants
erfordert frühzeitiges Reservieren.

2 De Peerdestal
Karte T1 ▪ Wijngaardstraat 8
▪ +32 (0)3 231 9503 ▪ www.
depeerdestal.be ▪ €€€
Das in einem mittelalterlichen Pfer-
destall untergebrachte Restaurant
serviert exquisite Fischmenüs.

3 Billie's Bier Kafétaria
Karte T2 ▪ Kammenstraat 12
▪ +32 (0)3 226 3183 ▪ Di geschl.
▪ www.billiesbier.be ▪ €
Das *bruin café* bietet Hausmannskost und 180 Craftbeer-Sorten.

4 RAS
Karte T2 ▪ Ernest van
Dijckkaai 37 ▪ +32 (0)3 234 1275
▪ www.ras.today ▪ €€
Das Gebäude an der Schelde, in dem
die exzellente Brasserie ansässig
ist, ist ein Wahrzeichen der Stadt.

5 Grand Café Horta
Karte U2 ▪ Hopland 2 ▪ +32 (0)3
203 5660 ▪ www.grandcafehorta.be
▪ €€
Das Café zieren Elemente aus dem
Brüsseler Volkshuis von Victor
Horta, das 1965 abgerissen wurde.

Grand Café Horta

Rosafarbenes Interieur im Mooy

6 Mooy
Karte T2 ▪ Lombardenvest 19
▪ +32 (0)3 422 6529 ▪ abends & So
geschl. ▪ www.mooybelgium.com ▪ €
In dem veganen Café gibt es hausgemachte Kuchen und Bioweine.

7 Günther Watté
Karte T2 ▪ Steenhouwersvest 30
▪ +32 (0)3 293 5894 ▪ Mo geschl.
▪ www.watte.be ▪ €
Zu den Köstlichkeiten in dem Café
zählen vor Ort hergestellte Pralinen.

**8 Pannenkoekenhuis De
Familie Suykerbuyck**
Karte T2 ▪ Reyndersstraat 18 ▪ +32
(0)3 866 3161 ▪ Mo & Di geschl. ▪ €
Das Lokal in einem Kloster (17. Jh.)
mit reizendem Innenhof lockt mit
süßen und herzhaften Pfannkuchen
und einem Heiße-Schokolade-Menü.

9 Dôme Sur Mer
Arendstraat 1 ▪ +32 (0)3 281
7433 ▪ Sa mittags geschl.
▪ www.domesurmer.be ▪ €€
Die wandhohen Fenster und
die Bar aus Marmor in dem
beliebten Fischrestaurant
sind eindrucksvoll.

**10 Brasserie
Appelmans**
Karte T2 ▪ Papenstraatje 1
▪ +32 (0)3 226 2022 ▪ www.
brasserieappelmans.be ▪ €€
In dem Haus aus dem
19. Jahrhundert lockt neben
belgischer und internationa-
ler Küche eine Absinth-Bar.

Bars & Clubs

Preiskategorien

Preis für ein Drei-Gänge-Menü pro Person mit einer halben Flasche Wein, inkl. Steuern und Service.

....

€ unter 40 €   €€ 40 – 60 €   €€€ über 60 €

① Appleman's Absinthbar
Die Bar der Brasserie Appelmans *(siehe links)* bietet viele Cocktails auf Absinth-Basis an. An manchen Wochenenden legen DJs auf.

② IKON
Kotterstraat 1 ■ +32 (0)3 295 5465
Zu dem Club im nördlichen Vorort Het Eilandje gelangt man per Taxi.

③ Café Local
Karte S3 ■ Waalsekaai 25
■ +32 (0)3 500 0367
Das Lagerhaus aus dem 19. Jahrhundert hat heute lateinamerikanisches Flair. Es locken gute Partys.

Het Elfde Gebod

④ Het Elfde Gebod
Karte T2 ■ Torfbrug 10
■ +32 (0)3 288 57 33
Die Wände der gemütlichen, außergewöhnlichen Bar zieren Devotionalien. Gäste schätzen die belgische Küche und die gute Bierauswahl.

⑤ Copa Cava
Karte T2 ■ Vlasmarkt 32
■ +32 (0)49 4608 936 ■ Mo & Di geschl.
In der hübschen Bodega kann man Cava zu vernünftigen Preisen genießen – flaschenweise oder aus dem Glas (»copa«).

⑥ Den Engel
Karte T1 ■ Grote Markt 3
■ +32 (0)3 233 1252
Es empfiehlt sich, in der traditionellen Kneipe am Grote Markt die Sorte Bolleke von der Stadsbrouwerij De Koninck zu kosten.

Den Engel am Grote Markt

⑦ De Muze
Karte T2 ■ Melkmarkt 15
■ +32 (0)3 226 0126
In der netten Kneipe wird fast jede Nacht bis 2 oder 3 Uhr morgens Livejazz gespielt.

⑧ Ampere
Karte V3 ■ Simonsstraat 12
■ +32 (0)3 232 0923 ■ So – Do geschl.
In dem Techno-Club unter einem Bogen der Eisenbahnbrücke in der Nähe des Hauptbahnhofs trifft sich ein junges Publikum.

⑨ Café Hopper
Karte S3 ■ Leopold de Waelstraat 2 ■ +32 (0)3 248 4933
In der bei Künstlern beliebten Jazzbar wird gern *half en half* (halb Sekt, halb Weißwein) bestellt.

⑩ Cocktails at Nine
Karte T2 ■ Lijnwaadmarkt 9
■ +32 (0)3 344 7954 ■ Di & Mi geschl.
In der eleganten Bar mit Holzbalkendecke genießt man Cocktails im Winter am offenen Kamin, im Sommer auf einer der beiden Terrassen.

Siehe Karte S. 100f

TOP10 Gent

Gent ist wie Brügge reich an mittelalterlichen Bauwerken und an Kunstschätzen aus der Zeit, in der die Stadt ein blühendes Handelszentrum war. Im Wasser der Kanäle spiegeln sich die mit Stufengiebeln versehenen ehemaligen Zunfthäuser und die drei Türme von Gent. Anfang des 19. Jahrhunderts wurde Gent die erste Industriestadt Belgiens. Die Stadt ist Sitz einer renommierten Universität. Gent besitzt eine lebhafte, jugendliche Atmosphäre. Die Theater, die Oper und prächtige Bauten wie die Kathedrale verleihen Gent Eleganz, die mittelalterlichen Gassen sorgen für Beschaulichkeit. Die Stadt mit der größten Fußgängerzone Europas lädt zu ausgedehnten Spaziergängen ein.

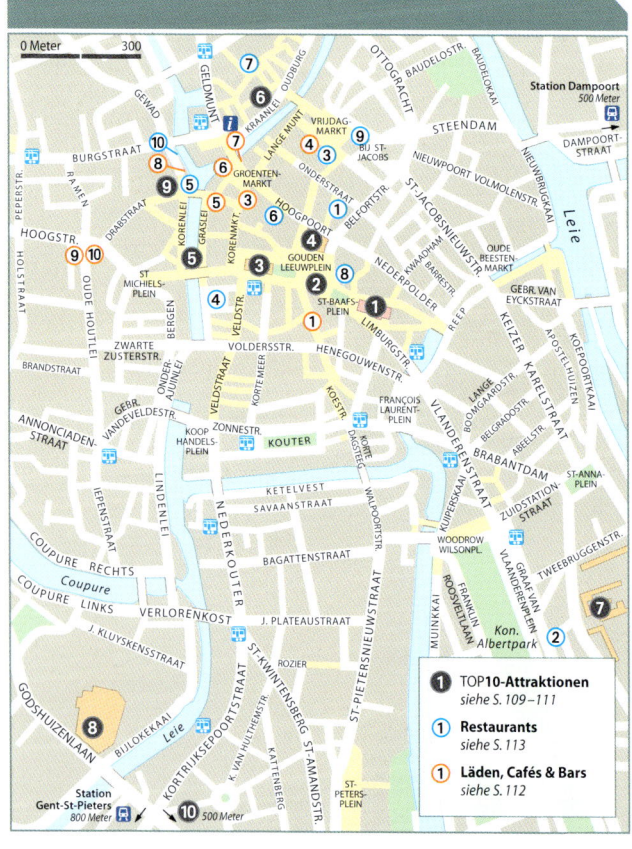

Sint-Baafskathedraal

③ Sint-Niklaaskerk

Karte Q2 ■ Catoloniëstraat ■ +32 (0)9 234 2869 ■ tägl. 10–16 Uhr

Die Nikolaus von Myra, dem Schutzpatron der Kaufleute, geweihte Kirche war das Gotteshaus der Händler. Das vom 13. bis 15. Jahrhundert errichtete Bauwerk ist ein wunderbares Beispiel des strengen Stils der Schelde-Gotik.

① Sint-Baafskathedraal

Die Kathedrale geht auf eine im 10. Jahrhundert erbaute Kapelle zurück, die Johannes dem Täufer gewidmet war. Relikte der romanischen Kapelle sind verblieben. Die Bavo, einem Heiligen des 7. Jahrhunderts, geweihe Kathedrale ist jedoch überwiegend gotischen Stils. Das 1290 begonnene Bauwerk wurde drei Jahrhunderte später vollendet. Die aus Marmor und Eichenholz gefertigte Kanzel (1741–45), die Elemente des Barock und des Rokoko vereint, ist sehenswert. Der größte Schatz der Sint-Baafskathedraal ist jedoch der Genter Altar. Der riesige Flügelalter aus dem 15. Jahrhundert ist ein Werk der Brüder Hubert und Jan van Eyck *(siehe S. 36f)*.

② Belfort

Karte Q2 ■ Sint-Baafsplein ■ +32 (0)9 233 3954 ■ tägl. 10–18 Uhr ■ Eintritt

Der 91 Meter hohe Turm mit dem vergoldeten Drachen an der Spitze ist ein Wahrzeichen der Stadt. Das von 1313 bis 1381 errichtete Bauwerk diente jahrhundertelang als Wach- und Glockenturm. Das Carillon mit 54 Glocken wird auch für Konzerte genutzt. Besucher gelangen mit einem Aufzug zur Spitze.

④ Stadhuis

Karte Q2 ■ Botermarkt 1 ■ nur Führungen (Buchung im Fremdenverkehrsbüro) ■ Eintritt

Das Rathaus ist das imposanteste Gebäude am zentralen Platz der Stadt. Die Säle werden heute noch für Sitzungen genutzt. Einige zeigen den ursprünglichen Stil des 15. Jahrhunderts, andere wurden nach 1870 umgestaltet.

Fassadendetail, Stadhuis

⑤ Graslei & Korenlei

Karte P2

An Graslei und Korenlei legen Boote zu Ausflugsfahrten auf den Kanälen ab. Die mit Stufengiebeln versehenen Zunfthäuser (12. Jh.) an den beiden Kais dienten den Händlern und Kaufleuten. Von der Sint-Michielsbrug, die die Kais am südlichen Ende überspannt, genießt man eine wunderschöne Aussicht.

Prächtige Gebäude am Graslei

Exponate im Huis van Alijn

⑥ Huis van Alijn

Karte Q1 ▪ **Kraanlei 65**
▪ +32 (0)9 235 3800 ▪ Mo, Di, Do & Fr
9–17 Uhr, Sa & So 10–18 Uhr ▪ Eintritt
▪ www.huisvanalijn.be

Nördlich des Stadtzentrums erstrecken sich die mittelalterlichen Straßen und Gassen von Patershol *(siehe S. 54)*. Das Huis van Alijn liegt in dem malerischen Viertel. Das Volkskundemuseum präsentiert eine Sammlung von Alltagsgegenständen aus der jüngeren und fernen Vergangenheit, u. a. Spielzeug, Plattencover, Schuhe und Geschirr. Die Häuserreihe, die das Museum beherbergt, wurde 1363 als Kinderkrankenhaus gestiftet – allerdings nicht aus Nächstenliebe, sondern als Buße für den Mord an zwei Mitgliedern der Familie Alijn.

Gent & Karl V.

Karl V. (1500–1558), Kaiser des Heiligen Römischen Reiches und König von Spanien, herrschte über den Großteil Europas und Nordamerikas. Er wurde in Gent geboren. Seine Taufe in der Sint-Baafskathedraal wurde mit einem rauschenden Fest gefeiert. Die Liebe der Genter zu ihrem Herrscher kühlte jedoch rasch ab, als er horrende Steuern erhob. 1540 wurden die Anführer einer misslungenen Revolte gegen Karl V. gehenkt. Seitdem heißen die Genter auch *stroppendragers* (»Strangträger«), was stolz als Zeichen ihrer Unbeugsamkeit gewertet wird.

⑦ Klein Begijnhof

Karte R4 ▪ **Lange Violettestraat 235** ▪ +32
(0)9 224 1790 ▪ tägl.
6.30–22 Uhr ▪ https://
kleinbegijnhof-gent.
wixsite.com/home

Der schönste der drei Genter *begijnhofjes (béguinages, siehe S. 92)*, eine bezaubernde Anlage mit weiß getünchten Häusern mit Stufengiebeln, einer Barockkirche und einem kleinen Park, gehört zum Welterbe der UNESCO. Der Komplex wurde 1235 für alleinstehende Frauen gegründet und ist seither durchgehend bewohnt. Die meisten der erhaltenen Häuser stammen aus dem 17. Jahrhundert.

⑧ Stadsmuseum Gent (STAM)

Karte P4 ▪ **Godshuizenlaan 2** ▪ +32
(0)9 267 1400 ▪ Mo, Di, Do & Fr 9–
17 Uhr, Sa, So & Feiertage 10–18 Uhr
▪ Eintritt ▪ www.stamgent.be

Das in dem ehemaligen Zisterzienserkloster Abdij van de Bijloke ansässige Museum dokumentiert die Geschichte Gents von der Prähistorie bis zur Gegenwart. Zu den Exponaten zählen mittelalterliche Grabmäler, Insignien der Freimaurer und Modelle von Kriegsschiffen. Die Abtei wurde im Mittelalter gegründet, die meisten der erhaltenen Gebäude datieren jedoch aus dem 17. Jahrhundert.

Historische Karte von Gent, STAM

9 Design Museum Gent

Karte P1 ■ Jan Breydelstraat 5
■ +32 (0)9 267 9999 ■ bis 2026 wg.
Renovierung geschl. ■ Eintritt
■ www.designmuseumgent.be

Die Sammlungen mit belgischen
und internationalen Meisterwerken
des Designs sind in einem Herrenhaus aus dem 18. Jahrhundert und
einem modernen Anbau untergebracht. Besucher lernen Einrich-
tungsstile vom 17. Jahrhundert
bis ins heutige Europa kennen. Die
Art-nouveau-Abteilung mit Werken
von Horta, Gallé und Lalique ist
herausragend. Das Museum wird
2026 wieder zugänglich sein.

Design Museum Gent

10 Museum voor Schone Kunsten (MSK) & Stedelijk Museum voor Actuele Kunst (SMAK)

**Karte Q6 ■ Citadelpark ■ MSK: +32 (0)9
323 6700; Di – Fr 9.30 –17.30 Uhr, Sa, So
& Feiertage 10 –18 Uhr; www.mskgent.
be ■ SMAK: +32 (0)9 240 7601; Di – Fr
9.30 –17.30 Uhr (1. Do im Monat bis
22 Uhr), Sa, So & Feiertage 10 –18 Uhr;
Eintritt; www.smak.be**

Die beiden führenden Kunstmuseen
Gents liegen südlich des Stadtzentrums. Die Werke im Museum voor
Schone Kunsten (MSK) reichen vom
Mittelalter bis ins frühe 20. Jahrhundert. Sie beinhalten Arbeiten von
Hieronymus Bosch, Rogier van der
Weyden und Hugo van der Goes.
Das Stedelijk Museum voor Actuele
Kunst (SMAK) widmet sich der modernen Kunst. Zur Dauerausstellung
gehören Werke von René Magritte
und Marcel Broodthaers. Außerdem
sind hervorragende Wechselausstellungen zu sehen.

Spaziergang

▶ Vormittag

Unternehmen Sie den Spaziergang nicht an einem Montag,
wenn das **MSK** und das **SMAK**
geschlossen sind. Sehen Sie sich
am frühen Vormittag die exzellenten Sammlungen der beiden
Museen an. Sie erreichen die
Museen, indem Sie mit der Tram
Nr. 1 oder Nr. 10 vom Korenmarkt
zur Charles de Kerchovelaan fahren und durch den Citadelpark
spazieren. Für eine Erfrischungs-
pause bietet sich das Café im
SMAK an. Kehren Sie zum Mittagessen ins Stadtzentrum zurück. Das **Groot Vleeshuis** *(siehe
S. 112)* in mittelalterlichen Räu-
men und das **Maison Elza** *(siehe
S. 113)* liegen in gleicher Entfernung zum Korenmarkt.

Nachmittag

Bestaunen Sie in der **Sint-Baafskathedraal** den Genter Altar
(siehe S. 36f). Fahren Sie mit dem
Aufzug zur Spitze des **Belfort**
hinauf und genießen Sie den
Blick auf die Stadt. Auf dem Weg
zurück zum Korenmarkt besichtigen Sie die **Sint-Niklaaskerk**.
Dann geht es weiter zu **Graslei**
und **Korenlei**, wo sich die Gelegenheit zu einer Bootsfahrt bietet. Folgen Sie vom Korenlei der
Jan Breydelstraat bis zur Reke-
lingestraat, die Sie nach rechts
zur Burg **Gravensteen** *(siehe
S. 57)* führt. Überqueren Sie die
Zuivelbrug und folgen Sie der
Meerseniersstraat zum **Vrijdagmarkt**. Dort können Sie bei **Dulle
Griet** *(siehe S. 112)* ein Bier oder
bei **Frituur Bij Sint-Jacobs** *(siehe
S. 113)* frites genießen.

Läden, Cafés & Bars

 Mageleinstraat & Koestraat

Karte Q2

Die ausgedehnte Fußgängerzone in Gent lädt zu einem entspannten Shoppingbummel ein. Veldstraat und Lange Munt bieten die größte Anzahl Filialen bekannter Ketten, charmanter und ruhiger sind jedoch Mageleinstraat und Koestraat.

 Märkte

www.visitgent.be/en/markets

An jedem Tag der Woche gibt es in Gent einen Markt. Sonntags finden in der Stadt sechs Märkte statt.

Groot Vleeshuis

 **Tierenteyn-Verlent**

Karte Q1 ■ Groentenmarkt 3 ■ So geschl.

Der seit 1790 bestehende Delikatessenladen ist für den Senf aus eigener Herstellung bekannt, der in Holzfässern lagert.

Tierenteyn-Verlent

 Dulle Griet

Karte Q1 ■ Vrijdagmarkt 50

Die Bar, eine der berühmten »Bierakademien« Belgiens, bietet rund 500 Biersorten an. Wer das in einem speziellen Glas servierte Max bestellt, muss einen Schuh als Pfand hinterlegen.

 Het Spijker

Karte P2 ■ Pensmarkt 3 – 5

Die gemütliche Bar im Keller eines Lepra-Asyls des 13. Jahrhunderts verfügt auch über eine Terrasse.

6 Groot Vleeshuis

Karte Q1 ■ Groentenmarkt 7 ■ +32 (0)9 223 2324 ■ Mo geschl. ■ €

Das Restaurant und der Feinkostladen in dem mittelalterlichen Schlachthaus widmen sich der Esskultur Ostflanderns.

7 't Dreupelkot

Karte Q1 ■ Groentenmarkt 12

Die Bar serviert ausschließlich den Wacholderschnaps *jenever* – auch mit Obst, Vanille oder Schokolade aromatisierte Sorten.

8 Brooderie Jaffa

Karte P1 ■ Jan Breydelstraat 8 ■ Mo & Di geschl. ■ €

In dem rustikalen Lokal, das Sandwiches, Snacks und vegetarische Gerichte serviert, duftet es stets nach frisch gebackenem Brot.

9 Hotsy Totsy

Karte P2 ■ Hoogstraat 1 ■ +32 (0)9 224 2012 ■ €

In der im Stil der 1930er Jahre eingerichteten Bar finden Jazzkonzerte, Kabarettabende und Dichterlesungen statt.

10 Café Labath

Karte P2 ■ Oude Houtlei 1 ■ €

Das bei Einheimischen beliebte Café serviert wunderbare Kaffee- und Schokoladenkreationen sowie Frühstück, Suppen und Sandwiches.

Restaurants

Preiskategorien

Preis für ein Drei-Gänge-Menü pro Person mit einer halben Flasche Wein, inkl. Steuern und Service.

....

€ unter 40 €   €€ 40 – 60 €   €€€ über 60 €

1 **De Rave**
Karte Q2 ▪ Schepenhuisstraat 2 ▪ +32 (0)9 225 9660 ▪ Di & Mi geschl. ▪ www.restaurantderave.be ▪ €€
Das Restaurant in einem Haus aus dem 17. Jahrhundert bietet moderne französisch-belgische Küche.

2 **Bar Bask**
Karte R4 ▪ Edward Pynaertkaai 115 ▪ +32 (0)9 311 6974 ▪ mittags, Sa & So geschl. ▪ www.barbask.be ▪ €€
Das baskisch inspirierte Lokal serviert köstliche Tapas und Pinchos. Eine Reservierung ist unerlässlich.

3 **Keizershof**
Karte Q1 ▪ Vrijdagmarkt 47 ▪ +32 (0)9 223 4446 ▪ mittags, So & Mo geschl. ▪ www.keizershof.net ▪ €€
In der Brasserie werden klassische belgische Gerichte serviert.

4 **Pakhuis**
Karte P2 ▪ Schuurkenstraat 4 ▪ +32 (0)9 223 5555 ▪ So geschl. ▪ www.pakhuis.be ▪ €€
Eine Reservierung ist in dem Lokal des portugiesischen Restaurantdesigners Antoine Pinto ein Muss.

5 **Korenlei Twee**
Karte P2 ▪ Korenlei 2 ▪ +32 (0)9 224 0073 ▪ So & Mo geschl. ▪ www.korenleitwee.be ▪ €€€
Die Zutaten für die Gerichte des in einem Haus aus dem 18. Jahrhundert anssässigen Lokals stammen von den Fisch- und Fleischmärkten der Stadt. Es gibt exzellente Weine.

6 **Mosquito Coast**
Karte Q2 ▪ Hoogpoort 28 ▪ +32 (0)9 224 3720 ▪ www.mosquitocoast.be ▪ €
Das mit Souvenirs aus aller Welt geschmückte Café mit Regalen voller Reiseführer und zwei Terrassen spricht auch Vegetarier an.

7 **Karel de Stoute**
Karte Q1 ▪ Vrouwebroersstraat 2 ▪ +32 (0)9 224 1735 ▪ Sa mittags, So & Mo geschl. ▪ www.restkareldestoute.be ▪ €€€
Das nach Karl dem Kühnen benannte Gourmetrestaurant liegt in dem Viertel Patershol. Es bietet ausschließlich Menüs an.

8 **Brasserie De Foyer**
Karte Q2 ▪ Sint-Baafsplein 17 ▪ +32 (0)9 234 1354 ▪ Mo & Di geschl. ▪ €€
Die Brasserie befindet sich in dem wunderschönen ehemaligen Theater Koninklijke Nederlandse Schouwburg (19. Jh.). Der Balkon bietet Sicht auf die Sint-Baafskathedraal.

9 **Frituur Bij Sint-Jacobs**
Karte Q1 ▪ Vrijdagmarkt
Der beliebte Pommes-frites-Stand ist bis spätnachts geöffnet.

10 **Maison Elza**
Karte P1 ▪ Jan Breydelstraat 36 ▪ +32 (0)9 225 2128 ▪ Di & Mi geschl. ▪ www.maisonelza.be ▪ €€€
In bezaubernder Lage direkt am Kanal genießen Gäste ertsklassige belgische Küche.

Brasserie Pakhuis

Siehe Karte S. 108 ←

Reise-Infos

Galeries Royales Saint-Hubert, Brüssel

Anreise & Vor Ort unterwegs

Anreise mit dem Flugzeug

Der internationale Flughafen **Brussels Airport** liegt 14 Kilometer nordöstlich von Brüssel in Zaventem. Von Deutschland, Österreich und der Schweiz aus bieten Lufthansa, Austrian, Swiss und weitere Fluggesellschaften Direktverbindungen zum Brussels Airport an.

Für den Transfer vom Flughafen in das Zentrum von Brüssel stehen Taxis bereit. Am einfachsten und preiswertesten gelangt man jedoch mit dem Zug in die Stadt. Pro Stunde fahren drei Züge vom Brussels Airport ab. Tickets kann man am Flughafen oder online erwerben. Die Fahrt zur Gare Centrale dauert 20 Minuten. Der Brüsseler Hauptbahnhof bietet Verbindungen nach Brügge, Antwerpen und Gent.

Die Buslinie Airport Line verbindet den Flughafen mit dem Brüsseler Europaviertel. Sie gehört zum Liniennetz des Brüsseler Verkehrsbetriebs Société des Transports Intercommunaux de Bruxelles / Maatschappij voor het Intercommunaal Vervoer te Brussel (STIB / MIVB).

Der 60 Kilometer südlich von Brüssel gelegene, kleinere internationale Flughafen **Aéroport de Charleroi-Bruxelles-Sud** wird von Billigfluglinien und Charterflügen bedient. Von Deutschland und Österreich aus werden Direktflüge angeboten. Vom Flughafen

gelangt man mit Shuttlebussen nach Brüssel. Nach Brügge und Gent bestehen ebenfalls direkte Busverbindungen. Besucher können auch die Buslinie zum Bahnhof Charleroi-Sud nehmen und mit dem Zug nach Brüssel, Brügge, Antwerpen oder Gent fahren.

Der **Internationale Luchthaven Antwerpen** befindet sich fünf Kilometer südöstlich vom Zentrum Antwerpens im Stadtteil Deurne. In Deutschland bestehen von den Flughäfen in Berlin und Frankfurt am Main, in der Schweiz von Zürich aus Verbindungen nach Antwerpen, in der Regel mit einem Zwischenstopp in Amsterdam. In Österreich werden Charterflüge von Innsbruck nach Antwerpen angeboten. Vom Flughafen gelangt man mit den Buslinien 51, 52 und 53 zum Bahnhof Antwerpen-Centraal im Zentrum der Stadt.

Anreise mit dem Zug

Die zentralen Knotenpunkte des belgischen Eisenbahnnetzes sind die drei großen Bahnhöfe Gare du Midi / Zuidstation, Gare Centrale / Centraal Station und Gare du Nord / Noordstation in Brüssel.

Die von der Eurostar Group betriebenen Hochgeschwindigkeitszüge **Thalys** bieten von Aachen, Köln, Düsseldorf, Duisburg, Dortmund und Essen aus Direktverbindungen zum Gare du Midi in Brüssel. Einige der

Züge verkehren mehrmals täglich. Die Fahrtzeit liegt zwischen gut einer Stunde und knapp vier Stunden. Die Gare du Midi bietet gute Anbindungen an Regionalzüge nach Brügge, Gent und Antwerpen sowie an die Métro, die das Stadtzentrum von Brüssel bedient. Von anderen deutschen Großstädten aus gelangt man per IC oder ICE nach Brüssel.

Züge von Wien nach Brüssel fahren über Frankfurt am Main zur Gare du Midi. Sie benötigen etwa 10,5 Stunden. Zugverbindungen von Zürich führen über Paris nach Brüssel. Die kürzeste Fahrtzeit liegt bei rund sechs Stunden. Auch die Züge aus der Schweiz fahren zur Gare du Midi.

Anreise mit dem Bus

Flixbus bietet von mehreren Städten in Deutschland, Österreich und der Schweiz aus Verbindungen nach Brüssel, Brügge, Antwerpen und Gent an. Bei großen Entfernungen ist mit Fahrtzeiten von bis zu 24 Stunden zu rechnen.

Anreise mit dem Auto

Die belgischen Autobahnen A2 und A3 führen zur deutschen Grenze nach Aachen. Weitere Routen von Deutschland nach Belgien verlaufen durch die Niederlande oder durch Luxemburg. Nach Antwerpen ist aus östlicher Richtung die belgische A13 der wichtigste Zubringer. Von Brüssel aus führt die A10 nach Gent und Brügge.

Autobahnen in Belgien sind mautfrei. Sie sind in der Regel in sehr gutem Zustand und nachts beleuchtet.

Für Autofahrten in Belgien ist der nationale Führerschein ausreichend. Die Zulassungsbescheinigung Teil 1 (Fahrzeugschein) ist mitzuführen. Als Nachweis für eine gültige Kfz-Haftpflichtversicherung genügt das nationale Autokennzeichen. Dennoch ist es empfehlenswert, die Internationalen Versicherungskarte (IVK; ehemals Grüne Karte) mitzunehmen, da eine Schadensabwicklung mithilfe der Karte erleichtert wird.

Entfernungen zwischen den Städten

Von den vier nordbelgischen Städten Brüssel, Brügge, Antwerpen und Gent ist Brüssel die südlichste Stadt. Antwerpen liegt 55 Kilometer nördlich von Brüssel. Die Entfernung von Gent nach Brüssel und Antwerpen beträgt jeweils rund 50 Kilometer. Die Stadt liegt nordwestlich von Brüssel und südwestlich von Antwerpen. Brügge liegt 40 Kilometer nordwestlich von Gent.

Züge

Die Züge der **Société Nationale Chemins de Fer Belges (SNCB)/Nationale Maatschappij der Belgische Spoorwegen (NMBS)** – der staatlichen Eisenbahngesellschaft des Königreichs Belgien – bieten schnelle und preiswerte Verbindungen zwischen Brüssel, Brügge, Gent und Antwerpen.

Da sich die Preise für Standardtickets zweiter Klasse nach der Entfernung richten, bedeutet der Erwerb einer Hin- und Rückfahrkarte keine Ersparnis. Zudem endet die Gültigkeit der Rückfahrkarte in der Regel am selben Tag um 24 Uhr.

Für Kinder unter sechs Jahren sind Zugfahrten kostenfrei. Die gilt für bis zu vier Kinder in der Begleitung eines Erwachsenen. Kinder zwischen sechs und elf Jahren erhalten 50 Prozent Ermäßigung. Jugendliche bis 26 Jahre und Senioren reisen ebenfalls zu vergünstigten Preisen.

Die SNCB bietet für die häufigere Nutzung der Züge mehrere Pässe an. Der Rail Pass beispielsweise ermöglicht innerhalb eines Jahres zehn Fahrten zum Preis von 7,77 Euro pro Fahrt. Interrail-Pässe sind in Belgien gültig.

Mietwagen

In Belgien sind alle bekannten internationalen Mietwagenfirmen vertreten. In der Regel ist es preiswerter, Wagen vor dem Beginn der Reise von zu Hause aus zu buchen.

Bürger aus der EU und der Schweiz benötigen für die Anmietung den nationalen Führerschein und eine Kreditkarte. Das Mindestalter für Fahrer beträgt 21 Jahre. Empfehlenswert ist der Abschluss einer Vollkaskoversicherung ohne Selbstbeteiligung.

In Brüssel, Brügge, Antwerpen und Gent ist kein Auto erforderlich. Die Städte lassen sich gut zu Fuß oder mit öffentlichen Verkehrsmitteln erkunden. Umweltzonen verbieten die Zufahrt für bestimmte Fahrzeuge. Mietwagen empfehlen sich nur für Fahrten im Umland.

Flugreisen

Aéroport de Charleroi-Bruxelles-Sud
🆆 brussels-charleroi-airport.com

Brussels Airport
🆆 brusselsairport.be

Internationale Luchthaven Antwerpen
🆆 antwerp-airport.com

Züge

Société Nationale Chemins de Fer Belges (SNCB)/Nationale Maatschappij der Belgische Spoorwegen (NMBS)
🆆 belgiantrain.be

Thalys
🆆 thalys.com

Busse

Flixbus
🆆 flixbus.de

Verkehrsregeln

Im innerstädtischen Bereich liegt das Tempolimit bei 50 km/h, in verkehrsberuhigten Zonen bei 30 km/h. Außerorts sind maximal 70 km/h, auf Schnellstraßen und Autobahnen 120 km/h zulässig. Die Promillegrenze beträgt 0,5. Für Kinder bis zu einer Körpergröße von 135 Zentimetern ist ein passender Kindersitz vorgeschrieben. Bei Pannen oder Unfällen auf Landstraßen und Autobahnen ist das Verlassen des Fahrzeugs eine Warnweste zu tragen. Pannenhilfe leisten die belgischen Dienste **Touring** und **VAB**.

Parken

Brüssel, Brügge, Gent und Antwerpen bieten innerhalb und außerhalb der Zentren viele Parkmöglichkeiten. Am sinnvollsten ist es, die durch Schilder ausgewiesenen öffentlichen Parkplätze aufzusuchen. Vor allem in Brügge und Gent wird wegen des dichten Stadtverkehrs empfohlen, außerhalb gelegene Parkplätze zu nutzen und den Weg ins Zentrum zu Fuß oder mit Bussen zurückzulegen. Hotelparkplätze sind oft kostspielig, bieten aber Bequemlichkeit.

Öffentlicher Nahverkehr

In Brüssel, Brügge, Gent und Antwerpen sind Busse im Einsatz. Bis auf Brügge bieten die Städte auch Straßenbahnen. Brüssel verfügt zusätzlich über Métro (U-Bahn) und Premetro (in Tunnelstrecken verkehrende Straßenbahnen). Auch in Antwerpen gibt es Premetro-Linien. In Brüssel betreibt die **Société des Transports Intercommunaux de Bruxelles / Maatschappij voor het Intercommunaal Vervoer te Brussel (STIB / MIVB)**, in den anderen Städten die Gesellschaft **De Lijn** den öffentlichen Nahverkehr.

Tickets

Fahrkarten für den öffentlichen Nahverkehr gelten in Bussen, Straßenbahnen und der Métro. An Automaten und Ticketschaltern sind Einzelfahrscheine, Tagespässe und aufladbare **MoBIB**-Karten erhältlich. In Bussen und Straßenbahnen kann man Einzelfahrscheine auch beim Fahrer erwerben. Für bis zu vier Kinder unter sechs Jahren in Begleitung eines Erwachsenen sind Fahrten kostenfrei.

Tickets müssen vor Fahrtbeginn – bei Bussen und Straßenbahnen in den Fahrzeugen, in der Métro an den Stationen – entwertet werden. Sie sind dann eine Stunde lang für eine Einzelfahrt gültig, inklusive erforderlicher Umstiege.

Busse

An Bushaltestellen zeigt man dem Fahrer durch Winken an, dass man zusteigen möchte. Der Wunsch nach Ausstieg wird vor dem Erreichen der Haltestelle per Knopfdruck signalisiert.

Neben Linienbussen gibt es in Brüssel und Brügge Busse für Stadtrundfahrten. Die Tickets sind 24 Stunden lang gültig. Ein Zu- und Ausstieg ist an jeder Haltestelle möglich. Die Passagiere erhalten über Kopfhörer Informationen zu den Sehenswürdigkeiten.

Straßenbahnen

Die oft auf vom Autoverkehr separierten Trassen fahrenden Straßenbahnen stellen vor allem in Stoßzeiten effiziente Verkehrsmittel dar. Den Wunsch nach Zu- oder Ausstieg wird wie bei Bussen durch Winken / Knopfdruck angezeigt.

Métro

Mit der Brüsseler Métro gelangt man schnell zu Zielen im Stadtzentrum sowie in alle Vororte. Métro-Stationen sind mit einem blauen »M« auf weißem Hintergrund gekennzeichnet. Die Linien verkehren von 6 Uhr bis 24 Uhr, an Wochenenden und Feiertagen sind die Betriebszeiten kürzer.

Die Premetro-Linien in Brüssel und Antwerpen bieten einen der Métro vergleichbaren Service.

Taxis

Taxistände findet man u. a. an Bahnhöfen und in der Nähe der zentralen Plätze der Städte. Wagen kann man auch telefonisch bestellen. Ein Taxi vom Straßenrand heranzuwinken ist nur in Brüssel üblich. Bei belgischen Taxis wird durch ein leuchtendes Schild auf dem Dach angezeigt, dass der Wagen frei ist.

Taxifahrten sind wesentlich teurer als die Nutzung von öffentlichen

Verkehrsmitteln. Da nicht alle Fahrer gute Stadtkenntnisse besitzen, ist es ratsam, detaillierte Informationen über das gewünschte Ziel bereitzuhalten. Es ist üblich, den Fahrpreis als Trinkgeld aufzurunden.

Kanaltouren

In Brügge werden von März bis November sowie im Winter an Wochenenden Ausflugsfahrten auf den zahlreichen Kanälen angeboten. Die Touren sind von unterschiedlicher Dauer. Die Schiffe legen an verschiedenen Stellen im Stadtzentrum ab. Bei den Fahrten eröffnen sich schöne Aussichten. Nach Regenfällen ist es sinnvoll, einen Schirm mitzuführen, um sich gegen von den Brücken herabtropfendes Wasser zu wappnen.

Auch in Gent kann man die Stadt bei Kanaltouren aus einem bezaubernden Blickwinkel erleben.

Fahrrad

In Belgien ist Radfahren sehr beliebt. Autofahrer verhalten sich gegenüber Fahrradfahrern in der Regel rücksichtsvoll.

In der Universitätsstadt Gent sind Tausende Studenten auf Fahrrädern unterwegs. In der Altstadt von Brügge macht der geringe, langsam fließende Autoverkehr Radfahren angenehm. In Brüssel stellen die von parkenden Autos gesäumten und Straßenbahntrassen durchzogenen Kopfsteinpflasterstraßen, in denen dichter Verkehr herrscht, Radfahrer vor Herausforde-

rungen. Nichtsdestotrotz werden die ausgewiesenen Radwege in der Stadt gerne genutzt.

In Brüssel, Brügge, Gent und Antwerpen sind Leihräder erhältlich. Die Fremdenverkehrsämter *(siehe S. 121)* erteilen Informationen zu den örtlichen Anbietern.

Die staatliche Eisenbahngesellschaft SNCB betreibt den landesweiten Verleihservice **Blue-bike**. **Velo Antwerpen** bietet ein vergleichbares städtisches Modell. Bei beiden Anbietern kann man Fahrräder tages- oder wochenweise mieten. Die Bezahlung erfolgt online oder an den in den Stadtgebieten verteilten Leihstationen. Fahrräder von Blue-bike müssen an der Abholstation wieder abgegeben werden, ansonsten wird ein Aufpreis berechnet. Räder von Velo Antwerpen können an jeder Station des Anbieters zurückgegeben werden.

In der Brüsseler Métro dürfen Fahrräder außerhalb der Stoßzeiten mitgenommen werden.

Außerhalb der Städte lädt ein gut beschildertes Netz an Radwegen zu Touren durch die wunderschöne Landschaft Flanderns ein. Informationen erhält man bei Fahrradverleihern und in den Fremdenverkehrsämtern.

Zu Fuß

Brüssel, Brügge, Gent und Antwerpen lassen sich hervorragend zu Fuß erkunden. In allen vier Städten liegen die Sehenswürdigkeiten nicht weit voneinander entfernt. Die breiten Bürger-

steige und vielen Fußgängerübergänge machen Spaziergänge angenehm. In Brüssel, Gent und Antwerpen gibt es ausgedehnte Fußgängerzonen. Die meisten Autofahrer verhalten sich an Zebrastreifen korrekt. Bei Fußgängerampeln sollte man unbedingt auf Grün warten – es ist nicht üblich, dass Autofahrer Fußgängern bei roter Ampelschaltung Vorrang lassen. Aufgrund des Kopfsteinpflasters empfiehlt es sich, festes Schuhwerk zu tragen.

Außerhalb der Städte locken Tagestouren und Fernwanderwege. Ein Abschnitt des transnationalen Fernwanderwegs GR 5, der von der Nordsee zum Mittelmeer führt, liegt in Belgien.

Pannenhilfe

Touring
🌐 touring.be

VAB
🌐 vab.be

Öffentlicher Nahverkehr

De Lijn
🌐 delijn.be

Société des Transports Intercommunaux de Bruxelles / Maatschappij voor het Intercommunaal Vervoer te Brussel (STIB / MIVB)
🌐 stib-mivb.be

MoBIB
🌐 stib-mivb.be

Radfahren

Blue-bike
🌐 blue-bike.be

Velo Antwerpen
🌐 velo-antwerpen.be

Praktische Hinweise

Einreise

Belgien gehört zum Schengenraum, für Bürger aus der EU und der Schweiz gibt es keine Formalitäten bei der Ein- und Ausreise. Es ist aber Pflicht, einen gültigen Personalausweis oder Reisepass mitzuführen. Kinder jeden Alters benötigen eigene Ausweisdokumente. Urlauber dürfen sich bis zu 90 Tage in Belgien aufhalten.

Zoll

EU-Bürger dürfen bis zu 110 Liter Bier, 90 Liter Wein, 60 Liter Schaumwein, 20 Liter Likörwein und zehn Liter Spirituosen zollfrei ein- und ausführen. Die Mitnahme von einem Kilogramm Tabak, 200 Zigarren, 400 Zigarillos und 800 Zigaretten ist ebenfalls gestattet. Die Ein- und Ausfuhr von Bargeld muss ab einer Höhe von 10 000 Euro angemeldet werden. Informationen erteilt die **Service Public Fédéral Finances (SPF Finances) / Federale Overheidsdienst Financiën (FOD Financiën)**.

Reise- & Sicherheitshinweise

Aufgrund unvorhersehbarer Entwicklungen kann es zu Änderungen und Einschränkungen kommen. Aktuelle Informationen zur Einreise sowie Sicherheitshinweise finden Sie beim deutschen **Auswärtigen Amt**, beim österreichischen **Bundesministerium für europäische und internationale Angelegenheiten** oder beim **Eidgenössischen Departement für auswärtige Angelegenheiten** der Schweiz. Die Außenministerien stellen außerdem kostenlose Apps zur Verfügung, über die Reisende sofort von Veränderungen der Sicherheitslage erfahren.

Ausweispflicht

Besucher sind dazu verpflichtet, stets einen Reisepass oder Personalausweis mitzuführen.

Botschaften

Bei Problemen wie dem Verlust von Personalausweis oder Reisepass erhalten Reisende von den Botschaften ihrer Heimatländer Unterstützung.

Versicherung

Gesetzlich versicherte Bürger der EU und der Schweiz haben mit der Europäischen Krankenversicherungskarte (EHIC) ihrer Krankenkasse auch in Belgien Anrecht auf kostenlose medizinische Versorgung. Da die Versicherung Notfallbehandlungen und Folgerezepte, nicht aber Krankenrücktransporte und Zahnbehandlungen abdeckt, ist eine zusätzliche Reiseversicherung – auch für den Fall von Diebstählen und anderen Verlusten – ratsam.

Gesundheit

Das Gesundheitssystem in Belgien ist exzellent. Die meist am Stadtrand gelegenen, großen modernen Krankenhäuser gehören zu den besten Europas. Die meisten Kliniken betreiben rund um die Uhr geöffnete Notaufnahmen.

Die Adressen von Ärzten und Zahnärzten kann man in Hotels erfragen. Apotheker beraten bei kleineren Beschwerden. Die Apotheken in Brüssel, Brügge, Gent und Antwerpen betreiben einen Notdienst – Schilder in den Fenstern zeigen die nächstgelegene diensthabende Apotheke an.

In Belgien drohen kaum gesundheitliche Gefahren. Das Leitungswasser kann man bedenkenlos trinken.

Notfälle

Für Polizei, Feuerwehr und Rettungsdienst gilt die europäische Notrufnummer 112. Die belgische Polizei kann man auch unter der Telefonnummer 101 erreichen.

Persönliche Sicherheit

Belgien ist ein sehr sicheres Land. Wer die üblichen Vorsichtsmaßnahmen ergreift, auf seine Wertsachen achtet und nachts dunkle Gegenden meidet, wird kaum auf Schwierigkeiten stoßen.

In Brüssel sind vor allem in und um die Gare du Midi / Zuidstation Taschendiebe unterwegs. Melden Sie Diebstähle sofort der Polizei und lassen Sie sich ein Protokoll für Ihre Versicherung aushändigen. Viele belgische Polizisten sprechen Englisch.

In Belgien steht man allen Menschen unabhängig von deren ethnischer Herkunft oder sexuellen Orientierung aufgeschlossen gegenüber. Homosexualität wurde in Belgien schon im Jahr 1795 legalisiert. 2003 öffnete Belgien als zweites Land der Welt die Ehe für gleichgeschlechtliche Paare. Seit 2018 haben Personen in Belgien per Gesetz das Recht, ihr Geschlecht selbst zu bestimmen.

Rauchen, Alkohol & Drogen

In geschlossenen öffentlichen Bereichen und in öffentlichen Verkehrsmitteln ist Rauchen verboten. Auch in Restaurants und Cafés ist Rauchen in der Regel nicht erlaubt, einige Lokale verfügen über Raucherbereiche. In kleineren Bars ist gelegentlich Rauchen gestattet.

Das Mindestalter für den Kauf von Bier und Wein beträgt 16 Jahre. Alkoholische Getränke ab 15 Volumenprozent dürfen von Personen ab dem Alter von 18 Jahren erworben werden.

Der Besitz und der Konsum von Drogen jeder Art sind in Belgien verboten.

Reisende mit besonderen Bedürfnissen

Für Menschen mit Einschränkungen ist Belgien kein einfaches Reiseland. Kopfsteinpflasterstraßen, hohe Bordsteinkanten, schmale Türen und die zahlreichen historischen Gebäude stellen in ihrer Mobilität beeinträchtigte Personen vor Probleme. Die Barrierefreiheit in Hotels, Restaurants und öffentlichen Gebäuden variiert stark – erkundigen Sie sich vor dem Besuch telefonisch.

Informationen erteilen die Fremdenverkehrsämter. Besonders empfehlenswert ist die Website von **Visit Flanders**, die auch Tipps für Seh- und Hörgeschädigte bietet. Auch die Websites von **Brussels For All** und **Handy.Brussels** sind nützliche Quellen.

Zeit

In Belgien gilt die Mitteleuropäische Zeit (MEZ), von Ende März bis Ende Oktober die Mitteleuropäische Sommerzeit (MESZ).

Strom

Die Stromspannung beträgt in Belgien – wie im restlichen Europa auch – 230 Volt, 50 Hertz. Flache, zweipolige Stecker passen immer.

Außenministerien

Auswärtiges Amt (Deutschland)
🔲 auswaertiges-amt.de

Bundesministerium für europäische und internationale Angelegenheiten (Österreich)
🔲 bmeia.gv.at

Eidgenössisches Departement für auswärtige Angelegenheiten (Schweiz)
🔲 eda.admin.ch

Zoll

Service Public Fédéral Finances (SPF Finances) / Federale Overheidsdienst Financiën (FOD Financiën)
🔲 finance.belgium.be

Botschaften

Deutschland
Rue Jacques de Lalaing 8–14, 1040 Brüssel
📞 +32 (0)2 787 1800
🔲 bruessel.diplo.de

Österreich
Avenue de Cortenbergh 52, 1000 Brüssel
📞 +32 (0)2 289 0700
🔲 bmeia.gv.at/oeb-bruessel

Schweiz
Place du Luxembourg 1, 1050 Brüssel
📞 +32 (0)2 285 4350
🔲 eda.admin.ch

Versicherung

EHIC
🔲 ec.europa.eu

Notfälle

Polizei, Feuerwehr & Krankenwagen
📞 112

Polizei
📞 101

Reisende mit besonderen Bedürfnissen

Brussels For All
🔲 be.brussels/culture-tourism-leisure/brussels-for-all

Handy.Brussels
🔲 handy.brussels/en/

Visit Flanders
🔲 visitflanders.com/de/reiseinformationen/barrierefreiheit

Geld

In Belgien gilt der Euro. An Geldautomaten kann man mit den gängigen Kredit- und Debitkarten rund um die Uhr Bargeld abheben. Reisende aus Nicht-Euro-Ländern können in Wechselbüros und in den meisten Banken Geld umtauschen.

Mit Ausnahme von American Express werden die gängigen Kreditkarten in Hotels, Läden, und Restaurants akzeptiert. Den Verlust Ihrer Geld- oder Kreditkarte sollten Sie sofort melden.

Trinkgeld wird in Belgien nicht erwartet. In Restaurants ist der Service im Rechnungsbetrag enthalten. Wer ausgezeichneten Service würdigen möchte, kann den Rechnungsbetrag aufrunden oder zehn Prozent aufschlagen. Geiches gilt bei Taxifahrten.

Telefonieren

Die Landesvorwahl für Belgien lautet 0032. Die belgischen Festnetznummern bestehen aus einer zwei- oder dreistelligen Ortsvorwahl und der Teilnehmernummer. Die Ortsvorwahl muss auch für Telefonate innerhalb einer Stadt gewählt werden. Die Landesvorwahl von Belgien lautet 0032. Die Ortvorwahl für Brüssel ist 02, die für Brügge 050, die für Gent 09 und die für Antwerpen 03. Bei Anrufen aus dem Ausland fällt jeweils die 0 der Ortsvorwahl weg.

Die Landeskennzahlen für Gespräche von Belgien ins Ausland lauten 0049 für Deutschland, 0043 für Österreich und 0041 für die Schweiz. Danach ist die Vorwahl ohne die 0 zu wählen.

Seit der Abschaffung der Roaming-Gebühren für die zeitweilige Nutzung von Handys innerhalb der EU telefonieren Urlauber in Belgien ohne zusätzliche Gebühren auf Basis ihres Mobilfunkvertrags.

Internet

In nahezu allen Hotels in Brüssel, Brügge, Gent und Antwerpen ist die WLAN-Nutzung für Gäste gratis. Manche Häuser stellen in der Lobby PCs bereit. Auch viele Bars und Cafés bieten kostenlosen WLAN-Zugang.

Post

Postfilialen haben in der Regel montags bis freitags von 9 bis 17 Uhr geöffnet. An die meisten Postämter kann man sich Briefe postlagernd *(poste restante)* senden lassen. Ein Standardbrief ins europäische Ausland kostet 2,53 €.

Briefmarken sind auch in einigen Tabak- und Zeitungsläden erhältlich sowie in Läden, die Postkarten verkaufen. Belgische Briefkästen sind rot und oft mit einem Posthorn und einer Krone verziert. Die Leerungszeiten sind an den Briefkästen angegeben.

Wetter

Mit milden Wintern und kühlen Sommern ist das Wetter in Belgien typisch für Nordeuropa. Die Durchschnittstemperaturen liegen bei 1 °C im Winter und 19 °C im Sommer. Ein Besuch lohnt zu jeder Jahreszeit. Im Sommer sind die Wetterbedingungen am besten, doch auch im Frühjahr und Herbst kann es sonnig und warm sein. In den kalten Wintern taucht die niedrig stehende Sonne die Türme und Giebelhäuser in bezauberndes Licht, im Dezember sorgen Weihnachtsmärkte für festliche Stimmung.

Taschenschirm und Regenjacke gehören unbedingt ins Reisegepäck. Um auf alle Wetterbedingungen vorbereitet zu sein, emfpiehlt es sich, sich nach dem »Zwiebelprinzip« zu kleiden. Da sich Brüssel, Brügge, Gent und Antwerpen am besten zu Fuß erkunden lassen, sollte man festes Schuhwerk mitnehmen.

Öffnungszeiten

Läden sind in der Regel montags bis samstags von 10 bis 18 Uhr geöffnet. Bäckereien und Zeitungsläden öffnen oft früher. Einige Läden schließen über Mittag und haben dafür abends länger geöffnet. Patisserien, Chocolatiers, Delikatessen- und Souvenirläden sind auch sonntags geöffnet, ebenso Supermärkte in den Stadtzentren. Manche Läden haben einmal pro Woche bis spätabends geöffnet.

Banken sind meist montags bis freitags von 9 bis 12 Uhr und von 14 bis 16 Uhr geöffnet. Große Filialen haben oft durchgehend geöffnet. Einige Banken öffnen auch samstagvormittags. Wechselstuben haben längere Öffnungszeiten und können in der Regel auch an den Wochenenden aufgesucht werden.

Feiertage in Belgien sind: Neujahr, Ostermontag, Tag der Arbeit (1. Mai), Christi Himmelfahrt, Pfingstmontag, Fest der flämischen Gemeinde (11. Juli, nur in Flandern), Nationalfeiertag (21. Juli), Mariä Himmelfahrt (15. Aug), Allerheiligen (1. Nov), Gedenktag zum Ende des Ersten Weltkrieges (11. Nov), Weihnachten. Banken und Postämter haben an Feiertagen geschlossen, manche Läden und Museen hingegen sind geöffnet.

Information

Brüssel, Brügge, Gent und Antwerpen haben jeweils eigene Fremdenverkehrsämter – **Visit Brussels**, **Visit Bruges**, **Visit Ghent** und **Visit Antwerp** –, die detaillierte Informationen bereitstellen und bei der Hotelbuchung unterstützen. Auch den Websites der Ämter sind Informationen über Sehenswürdigkeiten, Festivals, Veranstaltungen, Restaurants und Hotels zu entnehmen. Die Internetseiten bieten zudem Stadtpläne und nützliche Links.

Das Fremdenverkehrsamt der Region **Visit Flanders** bietet auf seiner Website ebenfalls hilfreiche Hinweise.

Speisen & Getränke

Einige belgische Gerichte, wie Filet Américain, enthalten rohes Rindfleisch. Belgische Biersorten sind mit bis zu zwölf Volumenprozent Alkohol oft sehr stark.

Da Bier in Restaurants, Kneipen und Bars in kleinen Gläsern ausgeschenkt werden, ist beim Nachbestellen Vorsicht geboten – der Effekt des Alkohols macht sich oft erst beim Stehen oder Gehen bemerkbar.

Etikette

In Belgien ist Kleidung, die das Gesicht größtenteils oder ganz bedeckt, verboten. Das Tragen von Burkas, Nikabs u. Ä. wird mit Geldbußen oder Gefängnisstrafen von bis zu einer Woche belegt.

Sprache

In Brügge, Gent und Antwerpen wird Flämisch (Niederländisch) gesprochen, in Brüssel vorwiegend Französisch. Manche sprechen noch den alten Brüsseler Mischdialekt. Englisch ist weitverbreitet. In den östlichen Regionen Belgiens ist Deutsch offizielle Landessprache.

Mehrwertsteuer

Der belgische Mehrwertsteuersatz liegt bei 21 Prozent. Er ist in Restaurants und Läden in der Regel in den Preisen enthalten. Besucher aus Nicht-EU-Ländern können sich die Mehrwertsteuer für Einkäufe über 120 Euro bei der Ausreise rückerstatten lassen.

Unterkünfte

Unterkünfte in Belgien bieten einen hohen Standard – von den Fünf-Sterne-Hotels und den gehobenen Boutiquehotels bis zu den preiswerten Hotels und den Frühstückspensionen. Die Preise richten sich nach dem Aufkommen an Geschäftsreisenden und Urlaubern. Brügge ist im Sommer sehr gut besucht, in Brüssel, Antwerpen und der Universitätsstadt Gent herrscht in den Sommermonaten weniger Betrieb.

Die in den Hotels anfallende Gemeinde- oder Tourismussteuer ist nicht immer in den angebenen Preisen enthalten. Sie beträgt meist 2 Euro pro Nacht pro Person.

Kreditkartenverlust

Allgemeiner Notruf

☎ +49 116 116
🌐 sperr-notruf.de

Information

Visit Antwerpen
Karte T1 ▪ Steenplein 1, Antwerpen
🌐 visitantwerpen.be

Visit Bruges
Karte J5 ▪ Concertgebouw, 't Zand 34, Brügge
🌐 visitbruges.be

Visit Brussels
Karte D4 ▪ Rue Royale 2, Brüssel
Karte C3 ▪ Stadhuis, Grand Place, Brüssel
🌐 visitbrussels.be

Visit Flanders
Karte C3 ▪ Rue du Marché aux Herbes 61, Brüssel
🌐 visitflanders.com

Visit Gent
Karte P1 ▪ Oude Vismijn, Sint-Veerleplein 5, Ghent
🌐 visit.gent.be

Hotels

Brüssel: Luxushotels

Brussels Marriott Hotel Grand Place
Karte B2 ▪ Rue Auguste Orts 3 – 7 ▪ +32 (0)2 516 9090 ▪ www.marriott.com ▪ €€
Die Lage des äußerst stilvollen Hotels nahe der Grand Place und La Bourse ist ideal für Besichtigungen, Shopping und Entspannung.

The Dominican
Karte C2 ▪ Rue Léopold 9 ▪ +32 (0)2 203 0808 ▪ www.thedominican.be ▪ €€
Das Hotel befindet sich in einer ruhigen Straße hinter dem Theatre Royal de la Monnaie, die Grand Palace ist leicht zu Fuß zu erreichen. Die Zimmer bieten Aussicht auf den von preisgekrönten Architekten entworfenen Innenhof. Die Grand Lounge verströmt Opulenz.

The Hotel
Karte C5 ▪ Boulevard de Waterloo 38 ▪ +32 (0)2 504 1111 ▪ www.thehotel-brussels.be ▪ €€
Das von außen unscheinbare Hochhaus begeistert mit einer Inneneinrichtung in zeitgenössischem Design und einer herrlichen Aussicht von den Zimmern in den höheren Etagen. Im 23. Stock befinden sich eine Sauna und ein Fitnesscenter. Der Service ist exzellent.

Steigenberger Icon Wiltcher's
Karte C6 ▪ Avenue Louise 71 ▪ +32 (0)2 02 542 4242 ▪ www.steigenberger.com ▪ €€€
Das in dem von exklusiven Läden geprägten Vorort Ixelles gelegene Hotel verfügt über große elegante Zimmer. Das Spa bietet einen Infinity Pool und erstklassigen Service. In der Nebensaison locken günstigere Preise.

Manos Premier
Karte C6 ▪ Chaussée de Charleroi 100 – 106 ▪ +32 (0)2 537 9682 ▪ www. manospremier.com ▪ €€
Die Zimmer des Fünf-Sterne-Boutiquehotels sind mit antiken Möbeln ausgestattet. In der Lobby verströmen Marmor und vergoldete Spiegel Pariser Flair. Es gibt ein Spa, ein Restaurant und einen hübschen Garten. Trotz der Nähe zur Avenue Louise genießt man in dem Haus Ruhe.

Radisson Blu Royal
Karte C2 ▪ Rue Fossé-aux-Loups 47 ▪ +32 (0)2 219 2828 ▪ www.radissonblu. com ▪ €€
Das mit Brunnen und tropischen Pflanzen geschmückte, atemberaubende Foyer, in dem sich gläserne Lifte über mehrere Stockwerke hinweg auf eine Glaskuppel zubewegen, wurde von dem belgi-

schen Architekten Michel Jaspers gestaltet. Die elegante Cocktailbar des Hauses ist täglich geöffnet.

Sofitel Brussels Le Louise
Karte C6 ▪ Avenue de la Toison d'Or 40 ▪ +32 (0)2 514 2200 ▪ www.accor hotels.com ▪ €€
Der Designer Antoine Pinto verlieh dem Haus der renommierten Kette durch einen ekletischen Stil ein glamouröses Ambiente. Auch die Zimmer verströmen Eleganz. Das Restaurant verfügt über eine bezaubernde Terrasse.

Warwick Brussels
Karte C3 ▪ Rue Duquesnoy 5 ▪ +32 (0)2 505 5555 ▪ www.warwickhotels. com ▪ €€
Das elegante Hotel liegt in der Nähe der Grand Place und den Musées Royaux des Beaux-Arts de Belgique. Zur Ausstattung gehören ein Restaurant, eine Bar und ein Fitnesscenter.

Amigo
Karte B3 ▪ Rue de l'Amigo 1 – 3 ▪ +32 (0)2 547 4747 ▪ www.roccofortehotels. com ▪ €€€
Das in unmittelbarer Nähe zur Grand Place gelegene Hotel befindet sich in einem Gebäude, das im 16. Jahrhundert als Gefängnis diente. Die Zimmer sind prächtig mit flämischen Stick- und Webwaren ausgestattet. Die Badezimmer zieren Drucke, die die Comicfiguren Tintin und Milou (Tim und Struppi) zeigen.

Stanhope
Karte E5 ■ Rue du Commerce 9 ■ +32 (0)2 506 9111 ■ www.corinthia.com ■ €€€
Das im englischen Landhausstil gestaltete Hotel bietet elegante Zimmer, einen herrlichen Garten, ein Gourmetrestaurant und ein Fitnesscenter. Es befindet sich in der Nähe des Palais Royal.

Brüssel: Hotels mit Flair

Espérance
Karte C1 ■ Rue du Finistère 1–3 ■ +32 (0)2 219 1028 ■ www.hotel-esperance.be ■ €
Das wunderschöne Art-déco-Gebäude aus dem 1930er Jahren liegt nahe der Place des Martyrs (siehe S. 76). Die meisten Zimmer sind modern gestaltet, Nr. 7 zeigt jedoch die ursprüngliche Pracht. Die ebenfalls nahezu original erhaltene Taverne dient als Frühstücksraum und lädt abends zu einem Drink ein.

Meininger
Karte A2 ■ Quai Hainaut 33 ■ +32 (0)2 588 1474 ■ www.meininger-hotels.com ■ €
Das schicke, CO$_2$-neutrale Drei-Sterne-Hotel in einer einstigen Brauerei verfügt über 170 Zimmer. Auch Familienzimmer sind vorhanden. Es gibt einen Fahrradverleih.

Hotel Barsey by Warwick
Avenue Louise 381–383 ■ +32 (0)2 641 5130 ■ www.warwickhotels.com/barsey ■ €€
Das am Südende der Avenue Louise gelegene Hotel mit luxuriös ausge-statteten Zimmern wurde von dem französischen Designer Jacques Garcia im edwardianischen Stil eingerichtet. Die Hotel-terrasse steht im Sommer nur Gästen des Hauses offen.

nhow Brussels Bloom
Karte E1 ■ Rue Royale 250 ■ +32 (0)2 220 69 05 ■ www.nh-hotels.com ■ €
In den ganz in weiß gehaltenen Zimmern dienen Wandgemälde junger europäischer Künstler als Schmuck. Das Stadtzentrum und die Gare du Nord sind von dem nahe dem Botanischen Garten gelegenen Haus gut zu erreichen.

Ibis Styles Brussels Louise
Karte C6 ■ Avenue Louise 212 ■ +32 (0)2 644 2929 ■ www.ibis.com ■ €€
Das ehemals unter dem Namen White Hotel unabhängig geführte Hotel gehört nun zur Ibis-Kette. Der ganz in weiß gehaltene zeitgenössische Stil der Zimmer wurde beibehalten. Die Tradition, Arbeiten junger belgischer Designer auszustellen, besteht ebenfalls fort.

Le Dixseptième
Karte C3 ■ Rue de la Madeleine 25 ■ +32 (0)2 517 1717 ■ www.ledixseptieme.be ■ €€
Das zauberhafte kleine Hotel ist in der ehemaligen Residenz des spanischen Botschafters (17. Jh.) untergebracht. Die von Dachbalken überspannten Suiten bezaubern mit einer Einrichtung, die historischen Charme mit modernem Flair verbindet.

Le Plaza
Karte C1 ■ Boulevard Adolphe Max 118–126 ■ +32 (0)2 278 0100 ■ www.leplaza-brussels.be ■ €€
Im Foyer und in den Gemeinschaftsräumen vermitteln Stuckarbeiten, vergoldete Zierelemente und Wandgemälde Besuchern den Eindruck, bei Louis XVI. zu Gast zu sein. Auch die Zimmer sind äußert komfortabel.

Odette en Ville
Karte D8 ■ Rue de Châtelain 25 ■ +32 (0)2 640 2626 ■ www.odetteenville.be ■ €€€
Die acht Zimmer des Boutiquehotels in einem Haus aus den 1920er Jahren sind in Grau- und Weißtönen gehalten und mit Fußbodenheizungen ausgestattet. Im Restaurant sorgt ein offener Kamin für Behagen.

Le Manos Premier
Karte C6 ■ Chausée de Charleroi 100–106, Saint-Gilles ■ +32 (0)2 640 2626 ■ www.manospremier.com ■ €€
Das mit Kronleuchtern und antiken Möbeln ausgestattete Hotel bietet ein Hamam, ein Gourmetrestaurant, eine Bar und einen großen Garten.

Vintage Hotel
Karte C6 ■ Rue Dejoncker 45 ■ +32 (0)2 533 9980 ■ www.vintagehotel.be ■ €€
Das im Stil der 1960er Jahre mit psychedelischen Motiven verzierte Hotel nahe der Avenue Louise bietet auch die Möglichkeit, in einem Camper zu übernachten. Der Frühstücksraum wird abends zur Weinbar.

Brüssel: preiswerte & Business-Hotels

2GO4 Grand Place
Karte C3 ▪ Rue de Haringstraat 6–8
▪ +32 (0)2 219 3019
▪ www.2go4.be ▪ €
Das nahe der Grand Place gelegene Hostel bietet Schlafsäle sowie Doppel- und Einzelzimmer, teilweise mit eigenem Bad. Die Küche ist hervorragend ausgestattet, der WLAN-Zugang kostenlos.

Aloft Brussels Schuman
Karte G4 ▪ Place Jean Rey
▪ +32 (0)2 800 0888
▪ www.aloftbrussels.com
▪ €€
Das jugendlich eingerichtete Boutiquehotel liegt im Zentrum des EU-Viertels. Statt eines Restaurants gibt es eine »Versorgungsstation«, an der man sich rund um die Uhr mit Snacks, Sandwiches, Salaten, Getränken und Süßigkeiten eindecken kann. Frühstück ist ebenfalls erhältlich. Es gibt einen Fitnessraum und eine Bar mit Livemusik. Die WLAN-Nutzung ist gratis.

Aqua Hotel
Karte D5 ▪ Rue de Stassart 43 ▪ +32 (0)2 213 0101
▪ www.aqua-hotel-brussels.com ▪ €€
Das gepflegte Hotel ist nahe der Métro-Station ruhig gelegen. Es lockt viele Geschäftsreisende an, die eine Alternative zu den gängigen Business-hotels suchen. Eine riesige, von Arne Quinze geschaffene Installation erstreckt sich über das gesamte Gebäude.

Marivaux
Karte C1 ▪ Boulevard Adolphe Max 98
▪ +32 (0)2 227 0300
▪ www.hotelmarivaux.be
▪ €€
In dem Businesshotel finden Gäste Zimmer im zeitgenössischen Stil und Konferenzräume mit modernster Ausstattung vor. Es gibt eine Cocktailbar und eine Brasserie, die Fusionsküche bietet.

NH Brussels EU Berlaymont
Karte G3 ▪ Boulevard Charlemagne 11–19 ▪ +32 (0)2 231 0909 ▪ www.nh-hotels.com ▪ €€
Das nahe dem Europäischen Parlament gelegene, nachhaltig geführte Hotel ist bei Diplomaten, Politikern und Journalisten beliebt. Es bietet hochmoderne Kommunikationssysteme sowie ein Fitnesscenter und eine Sauna.

Pillows City Hotel Brussels Centre
Karte D3 ▪ Rue des Paroissiens 15–23 ▪ +32 (0)2 274 081 ▪ www.pillowshotels.com ▪ €€
Das Hotel liegt nahe der Cathédrale des Saints Michel et Gudule und der Gare de Bruxelles-Central. Die Zimmer sind klein, aber schick. Neben Konferenzräumen sind eine gemütliche Bar und ein Café vorhanden.

The Progress Hotel
Karte G1 ▪ Rue du Progrès 9 ▪ +32 (0)2 205 1700
▪ www.progresshotel.be
▪ €€
Das nette kleine Hotel nahe dem Botanischen Garten bietet zweckmäßige, in Schwarz und Weiß gehaltene Zimmer. Im Wintergarten mit 100 Jahre alten Olivenbäumen bieten Massagestühle Geschäftsreisenden Entspannung. An der Rezeption sind Flughafentransfer und Stadtführungen buchbar.

Radisson Red Brussels
Karte E5 ▪ Rue d'Idalie 35
▪ +32 (0)2 626 8111
▪ www.radissonred.com
▪ €€
Das in direkter Nähe zum Europäischen Parlament gelegene Hotel überzeugt mit geräumigen Designerzimmern und hervorragend ausgestatteten Konferenzräumen. Das Haus bietet zudem eine Sauna, einen Fitnessraum und ein hervorragendes Bar-Restaurant.

Sofitel Brussels Europe
Karte G5 ▪ Place Jourdan 1 ▪ +32 (0)2 235 5100
▪ www.accorhotels.com
▪ €€€
Die im zeitgenössischen Stil eingerichteten Zimmer des Fünf-Sterne-Hotels in direkter Nähe zum Europäischen Parlament verfügen über luxuriöse Bäder. Es gibt elf Konferenzräume, ein Hamam, ein Fitnesscenter, eine Dachterrasse und ein Schokoladengeschäft für Last-Minute-Souvenirs.

Thon Hotel EU
Karte F4 ▪ Rue de la Loi 75
▪ +32 (0)2 204 39 11
▪ www.thonhotels.com
▪ €€
Das Hotel bietet moderne Zimmer, Gratis-WLAN, gut ausgestattete Konferenzräume, ein Fitnesscenter, eine Sauna und ein Restaurant.

Brügge: Luxushotels

De Castillon
Karte K4 ■ Heilige Geeststraat 1 ■ +32 (0)50 343 001 ■ www.castillion.be ■ €€
Die Zimmer und Badezimmer des komfortablen Hotels in einer Bischofsresidenz (17. Jh.) westlich der Stadt sind hübsch eingerichtet. Auch die Art-déco-Bar sorgt für elegantes Flair.

Crowne Plaza Hotel
Karte L4 ■ Burg 10 ■ +32 (0)50 446 844 ■ www.ihg.com ■ €€
Die Lage an dem Platz, der das historische Zentrum Brügges bildet, ist grandios. Mit den freigelegten Fundamenten der mittelalterlichen Sint-Donaaskathedraal birgt das moderne Hotel eine besondere Attraktion. Das Hotel bietet einen Pool, das Plaza-Café und Parkplätze.

Die Swaene
Karte L4 ■ Steenhouwersdijk 1 ■ +32 (0)50 342 798 ■ www.dieswaene.be ■ €€
Die opulent ausgestatteten Zimmer befinden sich in einem Gebäude aus dem 18. Jahrhundert und einem modernen Anbau mit Blick auf den Kanal. Ein einstiger Zunftsaal dient als Lounge. Es gibt einen Pool und ein erstklassiges Restaurant.

Heritage
Karte K3 ■ Niklaas Desparsstraat 11 ■ +32 (0)50 444 444 ■ www.hotel-heritage.com ■ €€
Das Hotel in einem Haus aus dem 19. Jahrhundert liegt im einstigen Kaufmannsviertel nördlich des Markts. Das Restaurant ist exzellent. In den Kellerräumen (14. Jh.) gibt es eine Sauna und einen Fitnessraum. Der Ausblick von der Dachterrasse ist herrlich.

Hotel Aragon
Karte K3 ■ Naaldenstraat 22 ■ +32 (0)50 333 533 ■ www.aragon.be ■ €€
Das gut geführte Haus ist nicht weit vom Stadtzentrum entfernt. Zu dem Hotel gehören acht nahegelegene Apartments, die bis zu acht Personen Platz bieten.

Hotel Dukes' Palace
Karte K4 ■ Prinsenhof 8 ■ +32 (0)50 447 888 ■ www.hoteldukespalace.com ■ €€
Zu dem Fünf-Sterne-Hotel in einem ehemaligen Herzogspalast gehören eine Kunstgalerie und eine Kapelle. Der Pool des Spas ist beeindruckend. Das Frühstücksrestaurant serviert Köstlichkeiten. Ein Besuch der Hotelbar ist kostspielig, doch auch Einheimische scheuen die Ausgabe nicht.

Hotel de Orangerie
Karte K4 ■ Kartuizerinnenstraat 10 ■ +32 (0)50 341 649 ■ www.hotelorangerie.be ■ €€
In dem Hotel in einem Kloster (15. Jh.) bezaubern nicht nur der holzvertäfelte Frühstücksraum und die am Kanal gelegene Terrasse.

NH Brugge
Karte J5 ■ Boeveriestraat 2 ■ +32 (0)50 449 7 11 ■ www.nh-hotels.com ■ €€
In dem Klostergebäude aus dem 17. Jahrhundert sind einige Buntglasfenster, offene Kamine und Holzbalken erhalten. Die Zimmer zeigen modernen Stil, doch die Bar verströmt historisches Flair.

The Pand
Karte L4 ■ Pandreitje 16 ■ +32 (0)50 340 666 ■ www.pandhotel.com ■ €€
Das Boutiquehotel in einem Stadthaus aus dem 18. Jahrhundert ist überaus romantisch. Die Zimmer sind mit Himmelbetten und schweren Vorhangstoffen wunderschön eingerichtet. Das Hotel liegt an einer von Bäumen gesäumten Straße nahe der Burg.

Bonifacius
Karte K5 ■ Groeninge 4 ■ +32 (0)50 490 049 ■ www.bonifacius.be ■ €€€
Das Boutiquehotel in einem Haus aus dem 16. Jahrhundert bietet Ausblick auf den Kanal und die Bonifaciusbrug. Die Zimmer zieren kostbare Stoffe und Antiquitäten, die eleganten Bäder weisen Jacuzzis aus. Dem Hotel gegenüber liegt das mit einem Michelin-Stern prämierte Restaurant Den Gouden Harynck (siehe S. 98).

De Tuilerieën
Karte L4 ■ Dijver 7 ■ +32 (0)50 343 691 ■ www.hoteltuilerieen.com ■ €€€
Das elegante Hotel in einem Haus aus dem 15. Jahrhundert ist bei Prominenten beliebt. Zu den Annehmlichkeiten zählen ein Pool, eine Sauna, eine Bar – und ein Schokoladenbrunnen im Frühstücksraum.

Preiskategorien siehe S. 124

Brügge: Mittelklassehotels

Hotel Malleberg
Karte L4 ■ Hoogstraat 7
■ +32 (0)50 344 111
■ www.malleberg.be ■ €
Das familiengeführte
Hotel nahe dem Markt
ist sehr gemütlich. Das
Frühstücksbüfett wird
in einem hübschen Kel-
lergewölbe angerichtet.
In den Zimmern und
Gemeinschaftsräumen
haben Gäste kostenlos
Zugriff auf den WLAN-
Anschluss. Mit der Zim-
merreservierung können
Eintrittskarten für einige
Sehenswürdigkeiten ge-
bucht werden.

Adornes
Karte L3 ■ Sint-Annarei 26
■ +32 (0)50 341 336
■ www.adornes.be ■ Jan
geschl. ■ €€
Das Hotel nimmt meh-
rere renovierte Häuser
aus dem 16. bis 18. Jahr-
hundert ein, die im ruhi-
geren östlichen Teil der
Stadt am Kanal liegen.
Das Stadtzentrum ist
wenige Minuten entfernt.
Die Einrichtung hat rustikalen Charme. Parkplät-
ze und Fahrräder stehen
kostenlos zur Verfügung.
Haustiere sind erlaubt.

Le Bois de Bruges
Karte J5 ■ Vrijdagmarkt 5
■ +32 (0)50 333 364
■ leboisdebruges.be ■ €€
In dem gut geführten
Hotel werden Frühstück
und Abendessen in
einem hübsch mit Pflan-
zen dekorierten Raum
serviert. Die Zimmer sind
zweckmäßig. Von dem
am Zand, dem großen
Marktplatz westlich der
Stadt, gelegenen Hotel
gelangt man zu Fuß in
zehn Minuten ins Zen-

trum von Brügge. Autos
können in der großen
Garage geparkt werden.

Bourgoensch Hof
Karte L4 ■ Wollestraat 35
■ +32 (0)50 033 1645
■ www.hotelbh.be ■ €€
Das in einer Brauerei aus
dem 16. Jahrhundert un-
tergebrachte Hotel bietet
Zimmer mit Kanalblick.
Das Haus ist im histori-
schen Zentrum Brügges
ruhig gelegen.

Hotel Jacobs
Karte L2 ■ Baliestraat 1
■ +32 (0)50 339 831
■ www.hoteljacobs.be
■ €€
Das mit einem Stufen-
giebel versehene Haus
befindet sich in dem
ruhigen Viertel Saint-
Gilles. Die beliebten
Läden, Museen und Res-
taurants der Stadt sind
nicht weit entfernt. Das
Hotel bietet gepflegte
Gemeinschaftsräume
und gemütliche Zimmer.
WLAN-Zugang ist gratis.

Jan Brito
Karte L4 ■ Freren Fon-
teinstraat 1 ■ +32 (0)50
330 601 ■ www.janbrito.
com ■ €€
Das Haus mit Stufengie-
bel und Backsteinfassade
ist zwischen Burg und
Koningin Astridpark
zentral gelegen. Die Ge-
meinschaftsräume sind
im Louis XVI-Stil gestal-
tet. Es gibt einen hüb-
schen Garten.

De' Medici
Karte L2 ■ Potteriei 15
■ +32 (0)50 339 833
■ www.hoteldemedici.
com ■ €€
Das am Kanal gelegene
moderne Hotel gehört
zur Golden-Tulip-Kette.
Es verfügt über ein

Wellnesscenter mit
Sauna und Fitnessbe-
reich. Die Bar bietet Ausblick auf den im japani-
schen Stil gestalteten
Garten.

Navarra
Karte K3 ■ Sint-Jakobs-
straat 41 ■ +32 (0)50 340
561 ■ www.hotelnavarra.
com ■ €€
Das ehemalige Handels-
haus der Kaufleute von
Navarra ist heute ein elegantes Hotel mit Fitness-
center, Pool und modern
ausgestatteten Zimmern.
Der Service ist sehr gut.

Oud Huis de Peellaert
Karte L4 ■ Hoogstraat 20
■ +32 (0)50 337 889
■ www.tepeellaert.com
■ €€
In dem elegant restau-
rierten Anwesen aus dem
19. Jahrhundert sind
Kronleuchter, Antiqui-
täten und eine Wendel-
treppe bezaubernde ge-
stalterische Details. Der
hohe Standard macht das
Hotel im Zentrum des
historischen Brügge
überaus attraktiv.

Prinsenhof
Karte K4 ■ Ontvangers-
straat 9 ■ +32 (0)50 342
690 ■ www.prinsenhof.be
■ €€
Das hübsche kleine Hotel
versteckt sich in einer
Seitenstraße in einem
Viertel westlich der In-
nenstadt – da, wo einst
der prächtige Palast der
Herzöge von Burgund
stand. Ein kleines biss-
chen Glanz und Gloria
hat sich im Dekor des
Hotels noch erhalten.
Service und Komfort
wurden bereits mehrfach
und zu Recht ausge-
zeichnet.

Brügge: preiswerte Hotels

Bauhaus Hotel
Karte M3 ■ Langestraat 135 (Rezeption in Nr. 145) ■ +32 (0)50 341 093 ■ www.bauhaus.be ■ €
Das beliebte, freundliche »International Youth Hotel« im Osten der Stadt liegt etwa 15 Minuten vom Zentrum entfernt. Es bietet die preiswerteste Unterkunft in Brügge, ein günstiges Restaurant und eine Bar.

Charlie Rockets
Karte L4 ■ Hoogstraat 19 ■ +32 (0)50 330 660 ■ www.charlierockets.com ■ €
Das »Jugendhotel« in einem umgebauten Kino bietet äußerst schlichte Zimmer und eine große, laute Café-Bar, wo man sich bei Rockmusik, Burgern und Nachos unterhält. Angesichts der zentralen Lage östlich der Burg sind die Preise wirklich moderat.

Hostel de Passage
Karte K4 ■ Dweerstraat 26 ■ +32 (0)50 340 232 ■ www.passagebruges.com ■ €
Zu diesem preiswerten 14-Zimmer-Hotel mit lässigem Flair gehört auch ein »Jugendhotel« mit noch günstigeren Preisen. Das Haus ist mit dem reizenden Lokal Gran Kaffee de Passage verbunden (siehe S. 99).

Hotel Biskajer
Karte K3 ■ Biskajersplein 4 ■ +32 (0)50 341 506 ■ www.hotelbiskajer.com ■ €
Das mit 17 Gästezimmern eher kleine Hotel liegt nördlich vom Markt. Sein Leistungsangebot ist überschaubar, dafür sind die Preise für ein Hotel dieser Qualität mehr als günstig. Alle Zimmer verfügen über ein eigenes Bad. Das Frühstücksbüfett ist im Zimmerpreis enthalten. Letzteres nimmt man in einem kleinen Frühstücksraum ein, zudem verfügt das Hotel über eine gemütliche Bar mit Bieren aus der Region. Kinder unter 16 Jahren sind im Biskajer nicht erwünscht.

Hotel Canalview Ter Reien
Karte L3 ■ Langestraat 1 ■ +32 (0)50 349 100 ■ www.hotelterreien.be ■ €
Das östlich der Burg malerisch am Kanal gelegene Hotel bietet reizende Zimmer, guten Service, kostenloses WLAN und ein exzellentes Preis-Leistungs-Verhältnis.

Lucca
Karte K3 ■ Naaldenstraat 30 ■ +32 (0)50 342 067 ■ www.hotellucca.be ■ €
Hinter der klassizistischen Fassade aus dem 18. Jahrhundert verbirgt sich ein noch älteres Gebäude – hier frühstückt man im mittelalterlichen Kellergewölbe. In diesem Haus logierten einst Kaufleute aus Lucca, die Verbindungen zu dem Bankier Giovanni Arnolfini hatten. Ihn porträtierte Jan van Eyck in seinem berühmten Gemälde *Die Arnolfini-Hochzeit*. Die Zimmer wirken ein wenig altmodisch, was sich aber durchaus in moderaten Zimmerpreisen niederschlägt.

De Pauw
Karte L2 ■ Sint-Gilliskerkhof 8 ■ +32 (0)50 337 118 ■ www.hoteldepauw.be ■ €
Blumen zieren die Ziegelfassade des familiengeführten Hotels nahe der alten Kirche St. Gillis in der ruhigen nördlichen Altstadt. Die behagliche Innenausstattung lässt an ein Privathaus denken. Ins Zentrum sind es von hier nur zehn Minuten zu Fuß.

Hotel Ter Brughe
Karte K3 ■ Oost Gistelhof 2 ■ +32 (0)50 340 324 ■ www.hotelterbrughe.com ■ €€
In dem bezaubernden alten Viertel nordöstlich des Augustijnenrei findet sich in einem alten Gebäude (16. Jh.) mit Blick auf den Kanal dieses Hotel. Der Frühstücksraum liegt in einem Keller mit Ziegelgewölben.

Patritius
Karte L3 ■ Riddersstraat 11 ■ +32 (0)50 338 454 ■ www.hotelpatritius.be ■ €€
Angesichts der niedrigen Preise residiert das Patritius in einem überraschend prächtigen Haus aus dem 19. Jahrhundert nordöstlich vom Markt.

Ter Duinen
Karte L2 ■ Langerei 52 ■ +32 (0)50 330 437 ■ www.terduinenhotel.eu ■ €€
Das kleine Hotel im Norden der Stadt ist nur 15 Gehminuten von Brügges Zentrum entfernt. Die Zimmer sind mit Doppelfenstern und Klimaanlage ausgestattet, die Gemeinschaftsräume elegant gestaltet.

Preiskategorien siehe S. 124

Antwerpen

Pulcinella
Karte T2 ■ Bogaardeplein
1 ■ +32 (0)3 234 0314
■ www.jeugdherbergen.
be ■ €
Die vermutlich schickste
Jugendherberge in Belgien überzeugt mit minimalistischem Interieur.
Es stehen Zwei-, Vierund Sechsbettzimmer
zur Verfügung. Die Bar ist
ein beliebter Treffpunkt.
Gäste mit Einschränkungen finden eine adäquate
Ausstattung vor. Es gibt
keine Sperrstunde.

Quality Hotel
Antwerpen
Centrum Opera
Karte U2 ■ Molenbergstraat 9–11 ■ +32 (0)3 232
7675 ■ www.choicehotels.
com ■ €
Gleich hinter der Einkaufsstraße Meir bietet
das Haus der bekannten
Kette moderne Zimmer
und effizienten Service.
Zum Angebot gehören ein
Frühstücksbüfett und
eine Bar.

Firean
Karel Oomsstraat 6
■ +32 (0)3 237 0260
■ www.hotelfirean.com
■ €€
Der von vielen Gästen gelobte Familienbetrieb in
einem Art-déco-Haus der
1920er Jahre liegt etwas
abseits. Die schön ausgestatteten Zimmer sind
geräumig.

Hotel Docklands
Kempisch Dok Westkaai
84–90 ■ +32 (0)3 231
0726 ■ www.hotel
docklands.be ■ €€
Das Hotel der Best-Western-Gruppe liegt im
Szeneviertel bei den alten
Hafenanlagen. Neben

Zimmern werden auch
Apartments angeboten.
Es gibt ein üppiges Frühstücksbüfett, aber man
findet auch in der nahen
Umgebung zahlreiche
Speiselokale und Cafés.

Hotel Rubens
Karte T1 ■ Oude Beurs 29
■ +32 (0)3 222 4848
■ www.hotelrubens
antwerp.be ■ €€
Das ruhige Hotel mit
großen Suiten und einer
herrlichen Aussicht liegt
direkt hinter dem Grote
Markt. Bei schönem Wetter kann man auf der
Terrasse frühstücken.

Julien
Karte T1 ■ Korte Nieuwstraat 24 ■ +32 (0)3 229
0600 ■ www.hotel-julien.
com ■ €€
Zwei Stadthäuser, über
einen Patio verbunden,
bilden dieses moderne
Hotel. Es liegt zwischen
der Shoppingmeile Meir
und der Kathedrale.

Leopold
Karte V3 ■ Quinten
Matsijslei 25 ■ +32 (0)3
231 15 15 ■ www.leopold
hotelantwerp.com ■ €€
Das bescheidene moderne Hotel gehört zur kleinen Leopold-Gruppe. Es
ist gut geführt und angenehm eingerichtet. Es
liegt in Gehweite zur
Centraal Station, dem
Rubenshuis und der
Shoppingmeile Meir. Gästen stehen eine Bar und
ein Fitnessraum zur Verfügung. Der hübsche
Stadspark liegt gleich
gegenüber.

Matelote
Karte T2 ■ Haarstraat 11a
■ +32 (0)3 201 8800
■ www.hotel-matelote.be
■ €€

Das umgebaute Stadthaus in der Nähe der
Schelde verfügt über
neun blendend weiße,
minimalistisch gestaltete,
aber modern ausgestattete Zimmer. Frühstück
wird gegen Aufpreis angeboten.

Radisson Blu
Astrid Hotel
Karte V2 ■ Koningin
Astridplein 7 ■ +32 (0)3
203 1273 ■ www.
radissonblu.com ■ €€
Das große und bestens
geführte Hotel in der
Nähe des Hauptbahnhofs
(Centraal Station) verfügt
über große Konferenzräume und ist für Geschäftsreisende hervorragend ausgestattet. Zum
Haus gehören ein gut
ausgestattetes Fitnesscenter und ein Swimmingpool.

't Sandt
Karte T2 ■ Zand 17 ■ +32
(0)3 232 9390 ■ www.
hotel-sandt.be ■ €€
Das Hotel in einem alten
Patrizierhaus westlich
der Kathedrale und nahe
am Fluss wurde in einer
Art »Neo-Rokokostil«
modern und elegant renoviert. Alle Suiten und
das luxuriöse Penthouse
sind um einen Innenhof
herum gruppiert.

Theater Hotel
Karte U2 ■ Arenbergstraat
30 ■ +32 (0)3 203 5410
■ www.theater-hotel.be
■ €€
Dieses moderne Komforthotel liegt überaus
günstig: Es befindet sich
nahe dem Rubenshuis
und ist nur wenige Minuten von der Kathedrale
und den besten Einkaufsstraßen der Stadt entfernt.

Gent

Hostel 47
Karte R1 ■ Blekerijstraat 47 ■ +32 (0)478 712 827 ■ www.hostel47.com ■ €
Die Jugendherberge mit neun Zimmern für zwei bis sechs Personen liegt in Geheweite von Gents historischem Zentrum. Es gibt schicke Gemeinschaftsräume mit kostenlosem WLAN und keine Sperrstunde. Frühstück ist inbegriffen.

Hotel Onderbergen
Karte P3 ■ Onderbergen 69 ■ +32 (0)9 223 6200 ■ www.hotelonderbergen. be ■ €
Nur drei Gehminuten von der Sint-Baafskathedraal entfernt erwartet Sie dieses kühl-minimalistische Boutiquehotel. Einige der geräumigen Zimmer sind mit Balkendecken ausgestattet. Neben Familienzimmern für bis zu sechs Personen bietet das Hotel ein Apartment.

Monasterium PoortAckere
Karte P2 ■ Oude Houtlei 58 ■ +32 (0)9 269 2210 ■ www.monasterium.be ■ €
Das Hotel nimmt ein umgebautes Kloster ein. Das Gebäude (19. Jh.) und seine Anlagen verströmen eine Atmosphäre himmlischer Ruhe.

Erasmus Hotel
Karte P2 ■ Poel 25 ■ +32 (0)9 224 2195 ■ www. erasmushotel.be ■ €€
Das Haus des 16. Jahrhunderts liegt westlich des Stadtzentrums. Es hat sich viel von seinem ursprünglichen Charme bewahrt und ist mit Antiquitäten ausgestattet.

Ghent River Hotel
Karte Q1 ■ Waaistraat 5 ■ +32 (0)9 266 1010 ■ www.ghent-river-hotel. be ■ €€
Das zweckmäßig moderne Hotel mit 77 Zimmern nimmt zwei Gebäude ein: ein Haus des 16. Jahrhunderts und eine Fabrik aus dem 19. Jahrhundert. Es liegt am Ufer der Leie, nahe dem lebhaften Vrijdagmarkt. Dank eines kleinen Steinpiers ist es auch mit dem Boot zu erreichen – als einziges Hotel der Stadt. Dieses Erlebnis sollte man sich nicht entgehen lassen.

Hotel de Flandre
Karte P2 ■ Poel 1–2 ■ +32 (0)9 266 0600 ■ www.hoteldeflandre.be ■ €€
Das elegante Stadthaus, versteckt hinter dem Korenlei gelegen, zeigt in den Gemeinschaftsräumen viele Gestaltungsdetails aus dem 19. Jahrhundert. Die Zimmer sind zwar schlichter, aber durchaus komfortabel eingerichtet.

Hotel Gravensteen
Karte P1 ■ Jan Breydelstraat 35 ■ +32 (0)9 225 1150 ■ www.gravensteen. be ■ €€
Der Eingangsbereich des gegenüber dem Schloss gelegenen Hotels mit 49 Zimmern ist imposant. Das Haus bietet gemütliche Zimmer, eine nette Bar mit einer bemerkenswerten Auswahl an belgischen Bieren, eine Sauna und einen Fitnessraum sowie ein üppiges Frühstücksbüfett. Die Gäste haben Zugang zu einem privaten Parkplatz. Kleine Haustiere sind erlaubt.

Hotel Harmony
Karte Q1 ■ Kraanlei 37 ■ +32 (0)9 324 2680 ■ www.hotel-harmony.be ■ €€
In 't Patershol, dem ältesten Viertel von Gent, bietet dieses schicke, familiengeführte Hotel einige edle Zimmer mit Blick auf den Kanal und die Genter Altstadt mit ihren drei Türmen. Ein Pool im hübschen Innenhof lädt zum Entspannen ein.

Ibis Gent Centrum Kathedraal
Karte Q2 ■ Limburgstraat 2 ■ +32 (0)9 233 0000 ■ www.accorhotels.com ■ €€
Im Zentrum Gents mit Blick auf die Sint-Baafskathedraal liegt dieses gut geführte und attraktive Haus der Ibis-Kette.

NH Gent Belfort
Karte Q2 ■ Hoogpoort 63 ■ +32 (0)9 233 3331 ■ www.nh-hotels.com ■ €€
Das Hotel mit dem für die Kette typischen eleganten Komfort verfügt über alle erdenklichen Luxuseinrichtungen, darunter auch Fitnesscenter und Sauna. Das Haus liegt sehr zentral gegenüber dem Stadhuis.

Pillows Grand Hotel Reylof
Karte P2 ■ Hoogstraat 36 ■ +32 (0)9 235 4070 ■ www.pillowshotels.com ■ €€€
Ein großes Herrenhaus (18. Jh.) und eine moderne Erweiterung bieten luxuriöse Unterkünfte in der Nähe des historischen Zentrums. Es gibt einen Hofgarten, eine Bar, ein angesehenes Restaurant und ein Wellnesscenter.

Preiskategorien siehe S. 124

Textregister

Seitenzahlen in **fetter** Schrift verweisen auf Haupteinträge.

Impressum & Bildnachweis

Autor
Antony Mason ist Autor vieler Reiseführer, etwa der Cadogan City Guides über Brügge und Brüssel (mit Brügge, Gent und Antwerpen). Er verfasste *The Belgians* in der humorvollen Reihe der Xenophobe's Guides und über 50 weitere Bücher über Geschichte, Geografie, und Kunst. Antony Mason lebt mit seiner belgischen Frau Myriam und seinem Sohn Lawrence in London.

DK London
(aktualisierte Neuauflage)

Lektorat
Georgina Dee, Halima Mohammed, Hillary Bird, Parnika Bagla, Elspeth Beidas, Chhavi Nagpal, Anuroop Sanwalia, Alison McGill, Beverly Smart, Shikha Kulkarni, Hollie Teague

Gestaltung und Bildredaktion
Maxine Pedliham, Priyanka Thakur, Sarah Snelling, Ankita Sharma,Taiyaba Khatoon, Vagisha Pushp

Umschlaggestaltung
Jordan Lambley

Kartografie
Suresh Kumar, Ashif

Herstellung
Jason Little, Samantha Cros

Weitere Mitarbeit Teresa Fisher

Bildnachweis
o = oben; u = unten; m = Mitte; l = links; r = rechts

DK dankt folgenden Personen, Unternehmen und Bildarchiven für die Erlaubnis, Fotos zu reproduzieren:

123RF.com Nattee Chalermtiragool 14mlo; Ievgenii Fesenko 102ol; Botond Horváth 12or

4Corners Richard Taylor 4ml

akg-images Erich Lessing 17ur

Alamy Stock Photo Alko 60mo; Alpineguide 51ol; Arterra Picture Library/De Meester Johan 61mlo; Peter Barritt 34ul; © www. atomium.be SABAM Belgium 2016/Prisma Bildagentur AG/Raga Jose Fuste 83ol; Bildagentur-online/McPhoto-Weber 54mru; Peter Cavanagh 58ol; Clement Philippe/ Arterra Picture Library 93ml; Gary Cook 28ur, 95u; Danita Delimont/Lisa S. Engelbrecht 107mro; dpa picture alliance 63or;

Sergey Dzyuba 68u; © Hergé-Moulinsart/ Neil Farrin 12ur; Garden Photo World/David C. Phillips 74ml, 77ml, 77cl; incamerastock/ ICP 31ur; Kevin George 55ol, 76u; Hemis/ Ludovic Maisant 48ol, 106ul,/Maurizio Borgese 23ml; © Hergé-Moulinsart/Jochen Tack 56um; © Hergé-Moulinsart/Maurice Savage 63mlu; Heritage Image Partnership Ltd/Fine Art Images 41mru; Peter Horree 58mu, 107mlu, 112mlu; ilpomusto 12ul; image-BROKER 52ul; Eric James 15um; Joanna Kalafatis 98or; John Kellerman 1; Bernhard Klar 113bl Oliver Knight 48ur, 78mlo; Douglas Lander 7mr; Peter Lane 96mlo; New Horizons 15mlo; Painting 35ur; Bombaert Patrick 53or; Pictorial Press 59or; PjrTravel 14ul, 16ul, 46ur, 105mru; Prisma Bildagentur AG/Raga Jose Fuste 68ol; Jürgen Ritterbach 86ml; Reuters/Yves Herman 80ur; Maurice Savage 12m; Travel Pictures 4u, 59ml; travelpix 78ur, Terence Waeland 44ul; Eugen Wais 56o; Westend61 GmbH/Werner Dieterich 49ml; World History Archive 8ur; Xinhua/Geng Bing 67mlu

Archiduc Nathalie Du Four 79ol

Archives du Musée Horta, Saint-Gilles, Brüssel Paul Louis 22mo, 22mru, 22ul, 23ol, 23um

Bistro Christophe 99ml

Bridgeman Images Patrick Lorette 41mlo; Lukas – Art in Flanders VZW 30mlo, 30mru, 30ur

Centre Belge de la Bande Dessinée 74o; Daniel Fouss 4mlo, 26ml, 26 – 27m, 27ur, 27ol

Corbis adoc-photos 40u; Christie's Images 42um, 45ol; The Gallery Collection 44mru, 52o; Leemage 40m; Loop Images/Anna Stowe 105ol; Francis G. Mayer 44ol; Sutton Images/Phipps 43or; Sygma/Jacques Pavlovsky 42o

© DACS 2016 BI, ADAGP, Paris 19ol

Design Museum Gent Phile Deprez 111ml

Dreamstime.com Alessandro0770 4mru; Amzphoto 16mr; Leonid Andronov 75ul; Bombaert 4mlu, 62ol; Gunold Brunbauer 50ul; Nicolas De Corte 60u; Sergey Dzyuba 4o, 55ur; Ekrystia 96ur; Emicristea 64u, 82ol, 88 – 89, 91mru, 109ur; Europhotos 2ol, 10 – 11, 73or; Freesurf69 101ol; Florelena 66ol; Roberto Atencia Gutierrez 94mlu; Mikhail Markovskiy 9o; Mchudo 6ul; Martin Molcan 13or; Monkey Business Images 62ur; Neirfy 92ul; Olgacov 3ol, 70 – 71, 91o; Parys 46o; Photogolfer 24 – 25, 109ol; Photowitch 92mro; Miroslav Pinkava 69ml; Ppy2010ha 61ur; Dmitry Rukhlenko 28 – 27; Jozef Sedmak 47or; Olena Serditova 57ml; Suttipon 65or; Tacna 73ur; Tomas1111 1; Trazvan 94m; Tupungato 65ml; Wavybxl 77or

L'Ecailler du Palais Royal 80mlo

Getty Images ©Association des Architectes du CIC: Vanden Bossche sprl, CRV s.A., CDG sprl, Studiegroep D. Bontinck, Foto von Photonostop RM/Tibor Bognar 84ur; LatinContent/Jorge Luis Alvarez Pupo 67ur; Sylvain Sonne 3or, 114–115

Groot Vleeshuis 112or

Historium Brügge 97o

Huis van Alijn 110o

Huisbrouwerij De Halve Maan 2or, 38–39

iStockphoto.com NicolasMcComber 17or

Klarafestival Sander Buyck 66u

Koninklijk Museum voor Schone Kunsten Antwerpen: Karin Borghouts 13ul, 34mlo, 35l.

L'Ultime Atome 87ul

Maagdenhuismuseum 104um; Binnenkoer 64or

MOOY 106or

Musée d'Ixelles 84mlo

Musée des Instruments de Musique 12ml, 20mr, 21; Liesbeth Bonner 20ur; Milo-Profi/Arthur Los 20mlu

Musée des Sciences Naturelles, Brüssel Th. Hubin 86or

Patrick Devos 98ul

Rex by Shutterstock 4mro, 28mlu, Colorsport 43mlu

Robert Harding Picture Library Tibor Bognar 13ur; Heinz-Dieter Falkenstein 47ml; Marc De Ganck 57ur; Gunter Kirsch 29ol; Martin Moxter 7ol; Peter Richardson 8ol; Phil Robinson 103ml; Riccardo Sala 109m.

Musées royaux des Beaux-Arts, Brüssel © DACS 2016 18–19; Johan Geleyns 18ml, 18u, 19mu, 73mlu, 85ml

Photo Scala, Florenz Bl, ADAGP, Paris/© DACS 2016 19o

Stad Antwerpen MAS/Filip Dujardin 49or; Museum aan de Stroom/Hugo Maertens 50mru; Museum aan de Stroom 100ol; Museum Mayer van den Bergh 102ur; Rubenshuis 36or, 36ml, 36–37, 101mru/Bart Huysmans 37mru/Michel Wuyts 36ur; Michel Wuyts 104o

STAM 110ur

SuperStock age fotostock/Sara Janini 9mr; Christie's Images Ltd 45ur; 33m; Fine Art Images 31ml; Iberfoto 13m, 32, 33ol, 33ml, 33ul

La Taverne du Passage Dominique Rodenbach 81mr

Van Buuren Museum 83mru

Umschlag
Vorderseite & Buchrücken:
Alamy Stock Photo John Kellerman.
Rückseite: **Alamy Stock Photo** Nattee Chalermtiragool or, Jochen Tack mru;

Dreamstime.com: Emicristea ml, Aleksandra Lande

Extrakarte
Alamy Stock Photo John Kellerman.
Alle anderen Bilder: © Dorling Kindersley.

Titel der englischen Originalausgabe
DK Eyewitness TOP10 Brussels, Bruges, Antwerp and Ghent
© Dorling Kindersley Limited, London, 2004, 2023
Ein Unternehmen der
Penguin Random House Group
Alle Rechte vorbehalten

Text © Antony Mason

Verlagsleitung Monika Schlitzer
Programmleitung Heike Faßbender
Redaktionsleitung Stefanie Franz
Herstellungskoordination Antonia Wiesmeier

Covergestaltung Roman Bold & Black, Köln

Übersetzung Barbara Rusch, München
Redaktion Birgit Walter, Augsburg
Schlussredaktion Svenja Conrad, Bremen

Satz & Produktion DK Verlag
Druck Vivar Printing, Malaysia

MIX
Papier | Fördert gute Waldnutzung
FSC® C018179

ISBN 978-3-7342-0768-6
8 9 10 25 24 23

www.dk-verlag.de

Sprachführer Französisch

Notfälle

Hilfe!	**Au secours!**
Halt!	**Arrêtez!**
Rufen Sie einen Arzt!	**Appelez un médecin!**
Rufen Sie die Polizei!	**Appelez la police!**
Rufen Sie die Feuerwehr!	**Appelez les pompiers!**
Wo ist das nächste Telefon?	**Où est le téléphone le plus proche?**

Grundwortschatz

Ja/nein	**oui/non**
Bitte	**s'il vous plaît**
Danke	**merci**
Verzeihen Sie.	**Excusez-moi.**
Guten Tag.	**Bonjour.**
Auf Wiedersehen.	**Au revoir.**
Guten Abend.	**Bon soir.**
Morgen	**le matin**
Nachmittag	**l'après-midi**
Abend	**le soir**
gestern	**hier**
heute	**aujourd'hui**
morgen	**demain**
hier	**ici**
dort	**là-bas**
Was?	**Quel/quelle?**
Wann?	**Quand?**
Warum?	**Pourquoi?**
groß	**grand**
klein	**petit**
heiß	**chaud**
kalt	**froid**
gut	**bon (bien)**
schlecht	**mauvais**
nahe	**près**
geradeaus	**tout droit**

Nützliche Redewendungen

Wie geht es Ihnen?	**Comment allez-vous?**
Sehr gut, danke.	**Très bien, merci.**
Wie geht's?	**Comment ça va?**
Bis bald.	**À bientôt.**
Es geht mir gut.	**Ça va bien.**
Wo ist/sind …?	**Où est/sont …?**
In welcher Richtung liegt …?	**Quelle est la direction pour …?**
Sprechen Sie Deutsch/ Englisch?	**Parlez-vous allemand/ anglais?**
Ich verstehe nicht.	**Je ne comprends pas.**
Entschuldigung.	**Excusez-moi.**

Shopping

Wie viel kostet das?	**C'est combien?**
Ich hätte gern …	**Je voudrais …**
Haben Sie …?	**Est-ce que vous avez …?**
Nehmen Sie Kreditkarten?	**Est-ce que vous acceptez les cartes de crédit?**
Wann öffnen/ schließen Sie?	**A quelle heure vous êtes ouvert/fermé?**

teuer	**cher**
preiswert	**bon marché**
Größe (Kleidung)	**la taille**
weiß	**blanc**
schwarz	**noir**
rot	**rouge**
gelb	**jaune**
grün	**vert**
blau	**bleu**

Läden & Märkte

Apotheke	**la pharmacie**
Bäckerei	**la boulangerie**
Bank	**la banque**
Buchladen	**la librairie**
Fischladen	**la poissonerie**
Fleischwarenladen	**la charcuterie**
Friseur	**le coiffeur**
Gemüsehändler	**le marchand de légumes**
Kaufhaus	**le grand magasin**
Konditorei	**la pâtisserie**
Laden	**le magasin**
Markt	**le marché**
Metzgerei	**la boucherie**
Pommes-frites-Stand	**la friterie**
Postamt	**le bureau de poste**
Reisebüro	**l'agence de voyage**
Schokoladengeschäft	**le chocolatier**
Supermarkt	**le supermarché**
Zeitungsladen/ Tabakwarenladen	**le magasin de journaux/tabac**

Sightseeing

An Feiertagen geschlossen	**fermeture jour ferié**
Bahnhof	**la gare (SNCB)**
Bibliothek	**la bibliothèque**
Bushaltestelle	**la gare routière**
Garten(-anlage)	**le jardin**
Kathedrale	**la cathédrale**
Kirche	**l'église**
Museum	**le musée**
Touristeninformation der Stadt	**les informations l'hôtel de ville**
Zug	**le train**

Im Hotel

Haben Sie ein freies Zimmer?	**Est-ce que vous avez une chambre?**
Doppelzimmer	**la chambre à deux personnes**
Zimmer mit Doppelbett	**la chambre avec un grand lit**
Zimmer mit zwei Betten	**la chambre à deux lits**
Einzelzimmer	**la chambre à une personne**
Zimmer mit Bad	**la chambre avec salle de bain**
Dusche	**la douche**
Ich habe reserviert.	**J'ai fait une réservation.**

Im Restaurant

Haben Sie einen freien Tisch?	**Avez-vous une table libre?**
Ich möchte einen Tisch reservieren.	**Je voudrais réserver une table.**
Die Rechnung bitte!	**L'addition, s'il vous plaît!**
Ich bin Vegetarier/in.	**Je suis végétarien/ne.**
Kellner	**Garçon**
Kellnerin	**Mademoiselle**
Speisekarte	**le menu**
Weinkarte	**la carte des vins**
Glas	**le verre**
Flasche	**la bouteille**
Messer	**le couteau**
Gabel	**la fourchette**
Löffel	**la cuillère**
Frühstück	**le petit déjeuner**
Mittagessen	**le déjeuner**
Abendessen	**le dîner**
Hauptgericht	**le grand plat**
Vorspeise	**l'hors d'œuvres**
Nachspeise	**le dessert**
Tagesgericht	**le plat du jour**
Bar	**le bar**
Café	**le café**
blutig	**saignant**
medium	**à point**
durchgebraten	**bien cuit**

Auf der Speisekarte

agneau	Lamm
ail	Knoblauch
artichaut	Artischocke
asperges	Spargel
bière	Bier
bœuf	Rindfleisch
brochet	Hecht
café	Kaffee
café au lait	Milchkaffee
canard	Ente
cerf/chevreuil	Wild
chocolat chaud	heiße Schokolade
choux de bruxelles	Rosenkohl
crêpe	Crêpe, Pfannkuchen
crevette	Garnele
dorade	Goldbrasse/Dorade
épinard	Spinat
faisan	Fasan
frites	Pommes frites
fruits	Obst
gauffre	Waffel
haricots	Bohnen
haricots verts	grüne Bohnen
huitre	Auster
jus d'orange	Orangensaft
l'eau	Wasser
l'eau minérale	Mineralwasser
le vin	Wein
légumes	Gemüse
limonade	Limonade
lotte	Seeteufel/Lotte
moule	Muschel
poisson	Fisch
pommes de terre	Kartoffeln

porc	Schweinefleisch
poulet	Hühnchen
saumon	Lachs
thé	Tee
thon	Thunfisch
truffe	Trüffel
truite	Forelle
veau	Kalbfleisch
viande	Fleisch
vin blanc	Weißwein
vin de maison	Hauswein
vin rouge	Rotwein

Zahlen

0	**zéro**
1	**un/une**
2	**deux**
3	**trois**
4	**quatre**
5	**cinq**
6	**six**
7	**sept**
8	**huit**
9	**neuf**
10	**dix**
11	**onze**
12	**douze**
13	**treize**
14	**quatorze**
15	**quinze**
16	**seize**
17	**dix-sept**
18	**dix-huit**
19	**dix-neuf**
20	**vingt**
21	**vingt-et-un**
30	**trente**
40	**quarante**
50	**cinquante**
60	**soixante**
70	**septante**
80	**quatre-vingt**
90	**quatre-vingt-dix/ nonante**
100	**cent**
1000	**mille**
1 000 000	**million**

Zeit

Wie viel Uhr ist es?	**Quelle heure est-il?**
eine Minute	**une minute**
eine Stunde	**une heure**
eine halbe Stunde	**une demi-heure**
halb zwei Uhr	**une heure et demi**
ein Tag	**un jour**
eine Woche	**une semaine**
ein Monat	**un mois**
ein Jahr	**une année**
Montag	**lundi**
Dienstag	**mardi**
Mittwoch	**mercredi**
Donnerstag	**jeudi**
Freitag	**vendredi**
Samstag	**samedi**
Sonntag	**dimanche**

Sprachführer Flämisch

Notfälle

Hilfe!	**Help!**
Halt!	**Stop!**
Rufen Sie einen Arzt!	**Haal een dokter!**
Rufen Sie die Polizei!	**Roep de politie!**
Rufen Sie die Feuerwehr!	**Roep de brandweer!**
Wo ist das nächste Telefon?	**Waar is een telefoon?**
Wo ist das nächste Krankenhaus?	**Waar is een ziekenhuis?**

Grundwortschatz

Ja	**ja**
Nein	**nee**
Bitte.	**Alstublieft.**
Danke.	**Dank u.**
Verzeihen Sie.	**Pardon.**
Guten Morgen.	**Goede morgen.**
Auf Wiedersehen.	**Tot ziens.**
Gute Nacht.	**Slaap lekker.**
Morgen	**morgen**
Nachmittag	**middag**
Abend	**avond**
gestern	**gisteren**
heute	**vandaag**
morgen	**morgen**
hier	**hier**
dort	**daar**
Was?	**Wat?**
Wann?	**Wanneer?**
Warum?	**Waarom?**
Wo?	**Waar?**
Wie?	**Hoe?**
groß	**groot**
klein	**klein**
heiß	**warm**
kalt	**koud**
gut	**goed**
schlecht	**slecht**
genug	**genoeg**
nahe	**dichtbij**
geradeaus	**rechtdoor**
offen	**open**
geschlossen	**gesloten**

Nützliche Redewendungen

Wie geht es Ihnen?	**Hoe gaat het ermee?**
Sehr gut, danke.	**Heel goed, dank u.**
Wie geht's?	**Hoe maakt u het?**
Gut!	**Prima.**
Wo ist/sind ...?	**Waar is/zijn ...?**
Wie weit ist es nach ...?	**Hoe ver is het naar ...?**
Wie komme ich nach ...?	**Hoe kom ik naar ...?**
Sprechen Sie Englisch?	**Spreekt u Engels?**
Sprechen Sie Deutsch?	**Spreekt u Duits?**
Ich verstehe Sie nicht.	**Ik snap het niet.**
Entschuldigung.	**Sorry.**

Shopping

Ich schaue nur.	**Ik kijk alleen even.**
Wie viel kostet das?	**Hoeveel kost dit?**
Wann öffnen Sie?	**Hoe laat gaat u open?**
Wann schließen Sie?	**Hoe laat gaat u dicht?**
Ich hätte gern ...	**Ik wil graag ...**
Haben Sie ...?	**Heeft u ...?**
Nehmen Sie Kreditkarten?	**Neemt u credit cards aan?**
dieses dort	**deze**
jenes dort	**die**
teuer	**duur**
preiswert	**goedkoop**
Größe (Kleidung)	**maat**
weiß	**wit**
schwarz	**zwart**
rot	**rood**
gelb	**geel**
grün	**groen**
blau	**blauw**

Läden & Märkte

Antiquitätenladen	**antiekwinkel**
Apotheke	**apotheek**
Bäckerei	**bakkerij**
Bank	**bank**
Buchladen	**boekwinkel**
Feinkostladen	**delicatessen**
Fischladen	**viswinkel**
Friseur	**kapper**
Gemüsehändler	**groenteboer**
Kaufhaus	**warenhuis**
Konditorei	**banketbakkerij**
Markt	**markt**
Metzgerei	**slagerij**
Pommes-frites-Stand	**patatzaak**
Postamt	**postkantoor**
Supermarkt	**supermarkt**
Tabakladen	**sigarenwinkel**
Zeitungsladen	**krantenwinkel**

Sightseeing

An Feiertagen geschlossen	**op feestdagen gesloten**
Bahnhof	**station**
Bibliothek	**biblioteek**
Busfahrkarte	**kaartje**
Bushaltestelle	**busstation**
Einzelfahrt	**enkeltje**
Garten, Park	**tuin**
Kathedrale	**kathedraal**
Kirche	**kerk**
Museum	**museum**
Rathaus	**stadhuis**
Rückfahrkarte	**retourtje**
Tagesrückfahrkarte	**dagretour**
Touristeninformation	**dienst voor toerisme**
Zug	**trein**

Im Hotel

Haben Sie ein freies Zimmer?	**Zijn er nog kamers vrij?**
Doppelzimmer mit Doppelbett	**een twees persoons-kamer met een twee persoonsbed**